Carl Hauptmann

Das römische Bonn

Vom Jahre 53 v. Chr. bis 400

EHV
HISTORY

Carl Hauptmann

Das römische Bonn

Vom Jahre 53 v. Chr. bis 400

ISBN/EAN: 9783955643768

Auflage: 1

Erscheinungsjahr: 2013

Erscheinungsort: Bremen, Deutschland

EHV
HISTORY

Römischer Reichsadler nach einem antiken Original

DAS
RÖMISCHE BONN
VOM JAHRE 53 v. CHR. BIS 400

MIT 17 ABBILDUNGEN UND 8 TAFELN

VON

CARL HAUPTMANN

BONN

TINNJO-DRUCK, BONN-KÖLN

VORWORT

Mit dieser Arbeit tritt zum ersten Male die Geschichte einer von den Römern gegründeten Stadt in die Erscheinung, bei welcher auch die Mitteilungen der Bücher der römischen Geometer benutzt wurden, die hierfür fast so ausgiebig sind wie für Aegypten die Hieroglyphen. Während diese zu ihrer Erlernung ein längeres Studium verlangen, genügen zur Kenntnis der elementaren Geometrie, denn nur um diese handelt es sich, einige wenige Stunden. Das einzige, was man außerdem dabei wissen muß, ist, daß jede antike Vermessung in Verbindung mit den Himmelsrichtungen steht und daß die Ostwestlinie keinen Breitegrad, sondern einen Hauptkreis darstellt. Man könnte noch hinzufügen, daß die Vermessungsdreiecke der Alten möglichst aus einstelligen Zahlen bestehen, was im Interesse der leichten Wiedergabe der Vermessung geschah, aber das ist etwas Unwesentliches, das sich von selbst ergibt.

Die Beurteilung des ersten Gutachters der Arbeiten des Verfassers durch Herrn Landmesser Cuno Schmidt vom 9. 3. 1919 ist deshalb vollständig zutreffend: „Die Sache ist das Ei des Columbus und so einfach, daß jeder Maurermeister sie verstehen kann. Schreiben Sie Ihr Gutachten selbst, ich unterhaue alles!"

Dem gegenüber steht jedoch die weniger erfreuliche Tatsache, daß allen denjenigen, welche die Humaniora studiert haben, die praktische Kenntnis der elementaren Geometrie fast immer abgeht und während sie noch Erinnerungen an die höhere Geometrie und Algebra bewahrt haben, ein unnützer Ballast für ihre Berufe, sie die elementare Geometrie nicht kennen, die doch zu den Dingen des täglichen Lebens gehört.

Und da die Geschichte einer Stadt doch hauptsächlich der Beurteilung der Archaeologen und Historiker unterliegt, ist der Verfasser in der nicht angenehmen Lage, für seine Ausarbeitungen Gutachten vorlegen zu müssen, die bezeugen, daß seine Feststellungen keine Phantasieprodukte sind.

Er spricht deshalb an erster Stelle seinen Dank dem verstorbenen General **Weidner**, Chef des Reichsamts für Landesaufnahme aus, der in so liebenswürdiger Weise seine vor drei Jahren erschienene Arbeit beurteilte und unter anderem schrieb, daß er den Stumpfen Turm und die Ruine am Trajekt als römische Triangulationspunkte in die Meßtischblätter eintragen lassen würde.

Ferner für die Vermessung der Stadt Bonn, Herrn Geh. Baurat Rud. Schultze, für ihre nähere Umgebung, Herrn Vermessungsdirektor Hans Winckler, für ihre weitere, Herrn Regierungslandmesser Franz Dallügge und für die genaue Feststellung des Vermessungspunktes der Nürburg in der Römergasse in Cöln, dem Leiter der Kölner Vermessungsabteilung, Herrn Liegenschaftsrat Jos. Schütt und seinem Mitarbeiter, Herrn Kulturingenieur Otto Pinkel [1]).

Als Beweis der weittragenden Bedeutung der römischen Vermessung sei folgendes Beispiel angeführt: Seit langem haben sich die Archaeologen den Kopf sich darüber zerbrochen, wo Cortovallium liegen könne, welches auf dem Antoninischen Itinerar als 12 Leuken von Jülich angegeben wird. Zwölf Leuken von Jülich liegt Aachen, aber Aachen heißt doch Aquae Grani?!

Die Geometrie erklärt dieses Rätsel. Aachen hieß nämlich nicht Aquae Grani, sondern das war der Name von Burtscheid, wo der Kochbrunnen als römischer Vermessungspunkt dient. Brunnen werden von den römischen Geometern als Vermessungspunkte bezeichnet. Aachen dagegen hieß Cortovallium, da sich dort ein Lager befand, in Burtscheid nicht, da die Stationen der Itinerare stets Lager bezeichnen als Unterkunft für die Truppen nach einem Tagemarsch. Auf die Groma, den Vermessungspunkt dieses Lagers, ist die Landstraße nach Würselen, der Adalbert-Steinweg und die Hochstraße gerichtet, er liegt an der Jakobstraße. Alle Archaeologie hat bis jetzt dieses Ergebnis nicht gefunden, aber jeder, der elementare Geometrie versteht, wird der Ansicht des Verfassers sein, wenn er Taf. VI Fig. 1 studiert, die ebenso beweiskräftig ist, wenn nicht mehr, wie eine Inschrift oder eine andere schriftliche Mitteilung, da die Geometrie eine exakte Wissenschaft ist, wenn ihre Unterlagen exakt sind. Diese Unterlage besteht in den Meßtischblättern.

---

1) Diese zustimmenden Gutachten sind in „Grundsätze der römischen Erdvermessung", Rhenania-Verlag, vollständig wiedergegeben.

Daß 3 Straßen auf ein und denselben Punkt gerichtet sind, nämlich das Lager ist kaum als Zufall zu betrachten, daß die Trierer Straße mit dem Adalbert-Steinweg ein rechtwinkeliges Dreieck von 0,35 : 0,6 bildet, wäre dann der zweite Zufall, der dritte wäre, daß die Hochstraße mit dem Adalbert-Steinweg auch wieder ein Dreieck von 6 : 3,5 bildet, der vierte, daß die Straße von Würselen mit dem Aachener Meridian, der durch die Salvator-Kirche geht, ein Dr. von 4 : 6 darstellt, der fünfte, daß die Trierer Chaussee, deren Linie gleichfalls die Salvator-Kirche schneidet, mit dem Meridian ein Dr. von 7 : 10 festlegt. Und so folgt auch weiter „ein Zufall dem andern", obgleich jeder, der Geometrie kennt, weiß, daß bei dieser Wissenschaft jeder Zufall ausgeschlossen ist.

Die Geometrie gibt auch Auskunft darüber, weshalb die Porta Nigra in Trier nie vollendet wurde, trotzdem sie älter wie die Konstantinischen Bauten ist. Sie zeigt, daß die Porta Nigra die Achse des älteren Trier, der Koloniehauptstadt angibt, die Konstantinischen Bauten dagegen die der Residenzstadt, womit das Jus italicum verknüpft war[2]). Aber hiervon wollen die Herren Archaeologen wegen ihrer Unkenntnis der elementaren Geometrie nichts wissen, während im Ausland, in Belgien z. B. der Magistrat der Stadt Brügge, dem Verfasser den Stadtplan und die Meßtischblätter der Umgegend einsandte, damit er daraus, wenn möglich, den römischen Ursprung der Stadt nachweise.

Es ergab sich hieraus, daß Ypern, Ostende, Thourout, Poperinghe, Brügge alle römische Gründungen sind, daß die Seeküste dieselbe wie vor 2000 Jahren, daß der Kanal, welcher Brügge mit der Schelde verbindet, römisch, ebenso wie der „Lac d'amour" und der Kanal nach Gent. Es ergab sich ferner, daß zuerst dort ein kleines Alenlager bestand, darauf ein größeres, welches gleichzeitig mit einer Flottenstation und dem Kanal nach Sluis gegründet wurde, und daß Brügge das jus italicum nicht besaß. Alles das geht mit einer solchen Klarheit und Exaktheit aus der Vermessung hervor, daß kein Zweifel für den, der elementare Geometrie kennt, bestehen kann.

Am 13. September erhielt der Verfasser mit Bezug hierauf folgenden Brief:

„Im Besitz Ihres Briefes vom 5. Sept. 1925 haben wir die Ehre, Ihnen unseren besten Dank für die uns eingesandte interessante Studie über den römischen Ursprung von Brügge auszusprechen. Es würde uns sehr freuen, die in Bezug auf diese Arbeit mit Ihnen gewechselte Korrespondenz fortsetzen zu kön-

2) Vergl. Taf. VI Fig. 2 Trier.

nen. Die Fachleute interessieren sich sehr dafür. Genehmigen Sie die Versicherung unserer besonderen Hochachtung.

Der Sekretär.

Der Bürgermeister und die Schöffen.

Die vom Verfasser dem Magistrat von Brügge eingesandten Mitteilungen hat dieser der Presse zur Verfügung gestellt, die ausgiebig davon Gebrauch macht, nicht nur größere Zeitungen, sondern auch kleinere, so z. B. eine Monatsschrift der „Biekorf", der jährlich für 1 Mark 20 Pfg. erscheint, veröffentlicht 8 Seiten darüber, ein Beweis, daß elementare Geometrie dort Allgemeingut ist. Es heißt darin:

„Der verstorbene Duclos spricht in seinem „Bruges" von vielen Spuren römischer Besetzung vom Jahre 37 bis ungefähr um 450 auf den Anhöhen in der Umgegend und daß römische Wege das heutige Brügge durchzogen haben usw. Und nun fragt zum Schluß dieser Wegeforscher: „Hatten die Römer hier nicht ein Castrum oder Mansiones zum Auswechseln von Reit- und Zugtieren oder ein diversorium für Reisende, was alles zum größten Teil, wie überall anderswo, gegen das Jahr 400 weggeschwemmt und vernichtet wurde? Ein Castrum hier, oder besser gesagt, Castra? Damit blieb die Frage offen.

Doch nun kommt ein fremder Gelehrter und beantwortet diese Frage und die Antwort lautet: „Ja, daß wirklich ein römisches Lager hier gewesen ist. Diese Antwort kommt von C. Hauptmann in Bonn, ein sehr gelehrter und tüchtiger Herr, dem die Funde hier und andere Beweise unbekannt sind, der nur aus der Lage unserer Wege und Kanäle und ihrer wunderbaren geometrischen Einteilung zu folgenden Schlußfolgerungen kommt: usw.

Ferner ist auf Anregung eines französischen Sachverständigen und mit dessen und dem des Verfassers Namen die Uebersetzung der „Grundsätze der römischen Vermessung" schon erfolgt.

Die „Revue germanique" in Lille schreibt darüber: „Man muß ein sehr kenntnisreicher Archaeologe und zugleich ein Geometer sein, um die Broschüre von C. Hauptmann über die Vermessung der Stadt Bonn und ihrer Umgegend gebührend würdigen zu können. Diese Vermessungen stellen keine nutzlose Beschäftigung dar. Sie haben den Zweck, die Stadt Bonn und ihre Umgebung so zu rekonstruieren, wie sie zu römischer Zeit waren. Ihr Ergebnis kann also von großem Nutzen für die archäologischen Studien sein, weil man auf diese Weise eine wenig bekannte Vergangenheit rekonstruieren und zeigen kann, wie die

Römer bei ihrer Erdvermessung verfuhren. Aus solchen Arbeiten werden zweifellos Feststellungen erfolgen, die auch für die Nichtfachleute verwertbar sind."

Aber schließlich gibt es auch in Deutschland Archaeologen, welche elementare Geometrie kennen, sie sind nur dünn gesät und es schrieb schon am 6. 9. 19 ein solcher, der aus den Bonner Jahrbüchern weiteren Kreisen bekannte Dr. F. Quilling:

„Ihre wirklich epochemachende Entdeckung des Prinzips, nach dem die römischen Straßennetze angelegt sind, interessiert mich deshalb besonders, weil auch in meinem Fach die Straßenforschung eine große Rolle spielt. Ich bin z. Z. mit einer Bearbeitung beschäftigt und werde mir, sobald ich an das betreffende Kapitel komme, erlauben, Ihren sachverständigen Rat zu erbitten."

Und in einem späteren Brief vom 25. 11. 19: „Ich halte Ihre .Forschungen und deren Ergebnisse für geradezu epochemachend für die Archaeologie.

Dr. F. Q u i l l i n g in Gonzenheim."

Ein Oberlehrer an einem königl. Gymnasium schrieb:

„Ich habe Ihr letztes Werk „Theodotus" mit solcher Begeisterung gelesen, daß ich mich nicht enthalten kann, Ihnen meine Bewunderung für Ihre großartige Entdeckung auszudrücken. Was sind alle Einzelfunde gegen dieses gewaltige Werk, dessen Wiederentdeckung immer mit Ihrem Namen verknüpft sein wird. Ich werde Ihre hochinteressanten Ergebnisse in der Klasse, wo ich Caesar lese, verwenden.

Oberlehrer Dr. K. W e l z in Fulda. 3. 9. 19."

Ein Fachmann, Geometer in Kezmark, Tschechoslowakei, schrieb:

„Soeben erhielt ich Ihre höchst interessante Abhandlung: „Erdvermessung der Römer". „Theodotus" besitze ich schon längere Zeit. Dieses Buch hat dem Universitätsprofessor Dr. J. Frischauf in Graz s e h r g e f a l l e n, und ich glaube, daß er sich noch mehr für die Erdvermessung der Römer interessieren wird. Schicken Sie auch ein Exemplar an die Zeitschrift für Vermessungswesen, an die Adresse des Schriftleiters Professor Dr. O. Eggert in Danzig zur Besprechung in der Fachzeitschrift. Die Schriften sind, wie m i r s c h e i n t, wenig bekannt geworden.

26. 8. 20. Geometer R u d o l f H a n à k in Kezmark."

Auf die Anregung von Herrn Hanàk sandte der Verfasser genanntes Werk an Dr. Eggert, erhielt jedoch die Antwort, daß dasselbe zu einer Besprechung nicht geeignet erscheine.

Der Schriftleiter der „Zeitschrift des Vereins der höheren Bayer. Vermessungsbeamten". Dr. Ing. F. J. Müller, Obergeometer, Augsburg, war jedoch anderer Meinung, denn er schrieb im Dezemberheft 1919 über „T h e o d o t u s d e r G e o m e t o r":

„Mancher wird die Verquickung der Geometrie mit einer geschichtlichen Erzählung und des römischen Reiches seltsam finden, aber es dürfte wohl kaum etwas geben, das, wie die römische Erdvermessung, so innig mit dem Gefüge des Reiches verbunden ist und zusammen mit diesem wohl das g r ö ß t e K u l t u r - w e r k des Altertums darstellt.

Diese Pläne und ihre Vermessungen wurden von Griechen ausgeführt; zu ihnen gehörte T h e o d o t u s , der den Norden vermaß. Dazu ist eine Schilderung der römisch-griechischen Messungsmethoden notwendig gewesen. Die Römer kannten natürlich keine Triangulation im modernen Sinne, sondern sie bestimmten alle ihre Entfernungen direkt und prüften sie durch rechtwinklige Dreiecke mittels des pythagoräischen Lehrsatzes, wobei ganz ungeheure Längen abgesteckt wurden; der gradlinige Limesgraben von Waldürn bis Haghof in Württemberg ist ein beredtes Beispiel hierfür.

Diese Andeutungen dürften genügen, um dem Leser von dem interessanten Inhalt des Buches Kenntnis zu geben und ihn zu veranlassen, es zu studieren. Der eigenartige Gedanke, trockene kulturgeschichtliche Tatsachen in Form einer erdichteten Erzählung etwas schmackhafter zu machen, verdient volle Beachtung.

Das Studium des Buches kann jedem Fachmann, der für kulturgeschichtliche Forschung Verständnis und Interesse hat, nur dringend empfohlen werden."

Ein anderer Fachmann schrieb:

„Der Umstand, daß die Herren Archaeologen Ihrem Werke fremd gegenüberstehen oder sich in ihrem Eifer sogar zu persönlichen Ausfällen hinreißen lassen [3]), ist zwar nur für einen Forscher wenig erfreulich — aber war es nicht immer so, daß die Zunftgelehrten aller Gebiete immer alles das ablehnten, was sie nicht s e l b s t ersonnen hatten? Ich denke da unwillkürlich an Dr. Robert Mayer, den Entdecker des „Gesetzes von der Erhaltung der Kraft", dem selbst seine eigene Familie nicht glauben wollte! Wie liebenswürdig waren auch die Philosophieprofessoren zu — Schopenhauer, später zu Ernst Häckel — und gar

---

[3]) Gemeint ist die Aeußerung eines Archäologen: Die Theorien des Verfassers (die Geometrie!) seien ein üppig wucherndes Unkraut, welches ausgejätet werden müsse.

erst die Theologen des Mittelalters gegen alle und jede Wissenschaft! Es muß da eine urtümliche, menschliche Eigenschaft im Spiele sein, die den Gelehrten bisweilen ebenfalls ihre Possen spielt.

9. 6. 20. J. H o r n e l, Kreisgeometer in Speyer."

Welche überraschenden Ergebnisse aus der Vermessung hervorgehen, zeigt auch der Plan der Stadt Rom. In jedem größeren Konversationslexikon, z. B. von Brockhaus, findet man einen Plan von „Roma vetus". Aber dieser ist eitel Phantasie, denn die Vermessung zeigt, daß der moderne Plan der Stadt Rom bis zum Jahre 1870 vollständig mit dem antiken übereinstimmt, daß nicht allein der Corso, sondern auch die via della Ripetta, del babuino, dei condotti und alle übrigen Straßen schon zu römischer Zeit bestanden haben.

Ferner, daß die Umgegend von Stuttgart, in dessen Nähe sich ein römisches Lager befindet, im Anschluß an den Württembergischen Limes vermessen ist, ebenso wie daß in der Schweiz, bei Brugg, die Vermessung von Vindonissa vollständig erhalten ist. (Karten, die der Verfasser z u f ä l l i g besaß.)

Und nun klagt Dr. F. Wagner in: „Die Römer in Bayern", daß man vielleicht für im-

B o n n, 1. Dezember 1925.

mer darauf verzichten müsse, zu wissen, ob dem Straßennetz in Augsburg ein rechtwinkeliges System zu Grunde lag oder ob es mit den heutigen Verkehrsadern übereinstimme. Wie leicht könnte dieser Wunsch erfüllt werden!

Der römische Geometer, dem die Stadt Bonn ihren Plan verdankt und der dem Leser hier zum erstenmal mit seinen Eigentümlichkeiten vorgeführt wird, scheint die Unkenntnis einer späteren Epoche in Bezug auf elementare Geometrie geahnt zu haben, er hat nämlich, wenn man so sagen darf, den Scherz erlaubt, den Stadtplan aus 5 sog. pythagoräischen Dreiecken zusammenzustellen, aus dem von 3 : 4, von 7 : 24, von 5 : 12, von 8 : 15 und von 20 : 21. Da kann niemand mehr von Zufall sprechen, umsomehr, als die Vermessung, w i e d a s b e i j e d e r V e r m e s s u n g d e r F a l l s e i n m u ß, von absoluter Genauigkeit ist, da sogar die Straßen s e i t e n der Vermessungslinien angegeben werden.

Davon kann der Leser sich durch die Tafeln dieser Arbeit selbst überzeugen, besonders weil der Stadtplan des früheren Stadtgeometers Böhler, der ihnen als Unterlage diente, gleichfalls wiedergegeben ist. Vergl. Nachwort.

Der Verfasser.

Itinerar des Antoninus.

INHALT

DAS WEGENETZ

Im Jahre 1834 erschien eine „Geschichte der Stadt Bonn" von Kaspar Anton Müller, in welcher auch auf das römische Bonn Bezug genommen wird. Damals waren die Mitteilungen der römischen und griechischen Schriftsteller fast die einzigen Quellen, die etwas über die deutsche Vergangenheit berichteten und so dienen sie auch genanntem Autor, um aus ihnen die Anfänge der Geschichte der Stadt Bonn herauszuschälen.

Nun kommt es jedoch bei jedem Schriftsteller stets auf die A u s l e g u n g seiner Worte an und bei Müller ist dieses auch der Fall, da er glaubt aus Tacitus (Ann. 1, 39) nachweisen zu können, daß die Ara Ubiorum hier in Bonn stand, nur über die Stelle ist er sich nicht ganz klar. „Mehrere", sagt er, „sind für den Martinsplatz, andere für den Markt und von Blum für die Gegend am Johanniskreuz vor dem Kölntor. Bedenken wir jedoch, daß die Gegend des Martinsplatzes eine besonders schöne Lage hat und von jeher gleichsam ein heiliger ausgezeichneter Ort war: so möchten wir uns wohl dahin aussprechen, daß der Altar hier errichtet wurde."

In dieser Weise schrieb man vor 100 Jahren Geschichte und in ähnlicher Weise kommt Müller dann zur Ansicht, daß Bonn anfangs Castra apud aram Ubiorum hieß, welches man später wegen der schönen Gegend „Bona" nannte, wie manche behaupten, während er selbst mit Arndt der Ansicht ist, daß der Name von: „Buhn" einem mit fruchtbaren Wiesen gesegnetem Ort herrühre, oder eine Freistelle bedeute. Seiner Ansicht nach soll auch Caesars Rheinübergang hier stattgefunden haben, das ist wohl der Grund, weshalb an der Rheinbrücke auf der Bonner Seite Caesars Bildnis, als Gegenstück zu dem auf der Beueler Seite angebrachten Brückenmännchen, sich befindet.

Aber trotz allem Lokalpatriotismus und trotz der beiden Bilder glaubt heutzutage jedoch niemand mehr in Bonn, daß Caesar hier den Rhein überschritten habe, da eine andere Wissenschaft der Altertumskunde zu Hilfe gekommen ist, die Wissenschaft des Spatens, die auf das sorgfältigste die Oberfläche der Erde abschälend, auf das genaueste jeden Fund an Scherben, Steinen, Werkzeugen usw. notiert, solange bis daß sie auf den gewachsenen Boden gelangt, den treuen Behüter jedes Pallisadenloches, jedes Einschnittes, der in untrüglicher Weise darüber aussagt, was vor Tausenden von Jahren auf ihm geschehen ist. Der Spaten hat nun nachgewiesen, daß Caesar nicht hier bei Bonn, sondern bei Urmitz den Rhein überschritten hat, ebenso wie er Ansiedelungen der jüngeren Steinzeit, 2000 bis 1500 v. Chr., bei Meckenheim und am Vorgebirge angibt, sowie einige Hallstattgräber (400 v. Chr.) bei Kessenich.

Die Gegend war also schon vor 4000 Jahren bevölkert und das geht auch daraus hervor, daß die Römer hierhin gekommen sind, vielleicht als Erwiderung des Besuches der Cimbern und Teutonen in Italien, und um ähnliche Besuche fernerhin unmöglich zu machen. Und die Bevölkerung muß trotz der geringen Funde aus dieser Zeit eine ziemlich große gewesen sein, denn es war der Mangel an Nahrung, der die Germanen über die Alpen trieb, der allerdings durch die ungenügende wirtschaftliche Ausnützung des Bodens vermehrt wurde. Bei den Galliern war es ähnlich.

Wenn nun ein Land eine Bevölkerung besitzt, besitzt es auch Straßen und diese Straßen bilden sich in ebenso natürlicher Weise von selbst, wie die Bäche und Flußläufe, die alle auf dem kürzesten und bequemsten Wege das Meer bzw. den tiefsten Punkt zu erreichen suchen. Der Weg bildet sich von Haus zu Haus, von Dorf zu Dorf, und er paßt sich, je weniger fester Grundbesitz vorhanden ist, um so besser den topographischen Eigentümlichkeiten des Territoriums an. Er vermeidet jeden Sumpf, umgeht jede Steigung und wägt genau ab, ob eine kurze Steigung rascher überwunden werden kann, wie ein weniger steiler Umweg. Er hat häufig auch wenig Respekt vor dem Eigentum, denn wenn ein solches den Wanderer zu einem Umwege zwingt, so setzen sich so viele über dieses Bedenken hinweg, daß schließlich durch die Eigentümer gute Miene zum bösen Spiel macht, den Weg gestattet und nur Vorkehrungen trifft, daß derselbe nun auch eingehalten wird.

Diese Erwägungen wird jeder wohl zutreffend finden, und so wird es auch der Fall gewesen sein. Als die Römer hierhin kamen, sie ein v o l l s t ä n d i g e s Wegenetz vorfanden, welches sich im tausendjährigen Begehen selbst gebildet hatte. Und dieses Wegenetz war so vorzüglich dem Lande angepaßt, wie man es nicht besser hätte schaffen können. In fruchtbarer Gegend war es engmaschiger und enger lagen die Orte zusammen, bei schlechtem und sumpfigem Boden war es weitläufiger, ebenso wie in den Wäldern, wo nur spärliche Pfade zu finden waren. So war es z. B. in Germanien, wo die Römer auf dem Marsch nach dem Teutoburger Wald gezwungen waren, Straßen durch die Sümpfe, die pontes longi zu bauen.

Die Erforschung des Wegenetzes ist deshalb stets eine Aufgabe der Altertumsforschung gewesen, und so ist vor ungefähr einem Jahre eine Veröffentlichung des Herrn Assistenten Hagen am hiesigen Provinzialmuseum erfolgt, welche auf großen Kartenblättern die Römerstraßen des Rheinlandes angibt, mit dem Ergebnis, daß in der Rheinprovinz, bisher im Verhältnis zu anderen Ländern, nur wenige römische Straßen ermittelt wurden."

Nun ist aber seit ungefähr 15 Jahren außer der Wissenschaft des Spatens noch eine andere der Archaeologie zu Hilfe gekommen, nämlich die Geometrie. Dieselbe setzt uns nämlich in Stand, die römischen Straßenanlagen sofort von den praehistorischen und den modernen zu unterscheiden. Die Sache ist einfacher wie sie aussieht. Als die Römer nämlich hier an den Rhein oder ein anderes unterworfenes Land kamen, fanden sie das Straßennetz vor. Aus militärischen Gründen wünschten sie eine Karte davon zu besitzen, die nicht mit den Itinerarien zu verwechseln ist, da diese ohne Rücksicht auf die geographische Lage nur die Entfernungen zwischen den einzelnen Orten angeben, ähnlich wie ein Tourenbuch für Radfahrer oder ein Eisenbahnkursbuch. Fig. S. 6.

Von den römischen Karten besitzen wir noch den Atlas des Ptolemaeus 160 n. Chr. auf diesem sind Städte, Gebirge, Meere, Flüsse, Seeküsten usw. angegeben, Wege jedoch nicht [1]). Und doch ist die Kenntnis des Wegenetzes für einen Truppenführer von absoluter Notwendigkeit.

Um nun Ordnung in das praehistorische Wegenetz, welches die Römer vorfanden, zu schaffen, veränderten sie dasselbe stellenweise durch Einfügung geradliniger Straßenstücke, welche untereinander die rechtwinkeligen Dreiecke des Vermessungsnetzes wiedergeben. Dieselben sind so angelegt, daß die Seitenlängen dieser Dreiecke fast immer aus einstelligen Zahlen bestehen, aus welchen die andern hervorgehen. Ein gutes Beispiel ist

---

1) Vergl. Grundsätze der röm. Erdvermessung, Rhenania-Verlag, S. 11. Der Atlas des Ptolemaeus.

hiervon die Köln—Zülpicher Straße, welche mit dem Cölner Meridian, dessen Endpunkt in Cöln in der Römergasse liegt, dessen anderer Endpunkt die Nürburg bildet, ein rechtwinkliges Dreieck von 7 : 9 : 11,4 darstellt, dessen Größe sich aus dem Dreieck Nürburg, Gemünd, und a, bei Todenfeld berechnet, dessen Größe 7 : 9 : 11,4 Q u i n t a r i e n beträgt, also gleich 18,571 Quintarien.

Figur 0.

Nun ist an die Straße Cöln—Zülpich und an den Meridian Cöln—Nürburg das ganze darum und darin liegende prähistorische Wegenetz angeschlossen, und zwar durch die geradlinigen römischen Straßenstücke. So z. B. Röttgen—Meckenheim — Gelsdorf, Meckenheim — Gelsdorf[*]), die Breite Allee, bei Bonn die Cölner Str. bis Hersel, die Straße Endenich—Duisdorf und Endenich—Lengsdorf. Hinter Lengsdorf und Duisdorf verlassen beide Straßen ihre gerade Richtung und passen sich dort dem Gelände an. Es ist möglich, daß sie dort praehistorisch sind, aber auf jeden Fall von den Römern dann ausgebaut wurden. Die beiden schnurgeraden Straßenstücke bilden dagegen untereinander einen Winkel von 45 Grad und stellen einen Teil des römischen Vermessungsnetzes dar.

Vergleicht man nun das hiesige Wegenetz mit andern, z. B. dem an der belgischen Seeküste, so ist man überrascht von der großen Anzahl römischer Vermessungslinien, die hier alle in den Wäldern liegen. Eine

---

*) Die Straße Gelsdorf—Meckenheim bildet z. B. mit der Cöln—Zülpicher ein Dreieck von 6 : 8 : 10 Quintarien.

der wichtigsten ist die „Breite Allee" im Kottenforst, die unter verschiedenen Namen vom Wege von Villip nach Godesberg, fast bis nach Weilerswist reicht, also eine Länge von 20 Kilometern besitzt. Der Punkt S, wo sie die Landstraße Röttgen—Meckenheim schneidet, ist einer der wichtigsten Vermessungspunkte des Rheinlandes südlich von Cöln. Da die Landstraße Röttgen—Meckenheim auf den Vermessungspunkt des römischen Lagers auf dem Venusberg gerichtet ist, ist sie unzweifelhaft römisch, die wegen der großen Steigung sehr unpraktische Abzweigung über Ippendorf gleichfalls, letztere war nötig, um von Meckenheim aus an das Lager auf dem Venusberg zu gelangen. ebenso wie ihre Weiterführung über Poppelsdorf zu dem Lager in der Nordstadt [2]).

Die Straßen Röttgen—Bonn über Ippendorf und über Endenich sind also beide römisch, was zweifellos aus der Vermessung hervorgeht, aber nicht ausschließt, daß auch praehistorische Wege oder Pfade an ihrer Stelle waren. Ganz anders ist es jedoch mit den Schneisen des Kottenforstes, wozu die vorher genannte Breite Allee gehört. An ihrer Stelle gab es keine praehistorischen Wege, sie sind von den Römern sofort angelegt worden, als sie hierhin kamen. einmal um Holz zu gewinnen, dann aber auch zur Anlage ihrer Vermessungslinien. Diese Vermessungslinien gehören zum großen Teil zur Vermessung des Siebengebirges [3]), des Cölner Meridians, und der Straße Cöln-Zülpich. Beide bilden, wenigstens bis Trier, die Vermessungsbasis des Rheinlandes südlich von Cöln. So vermißt die Breite Allee den Cölner Meridian, der „Schnacke Jagdweg" [*]) seine Verbindung mit der Straße Cöln—Zülpich: Breite und Dottendorfer Allee den Godesberg, der „Eiserne Mann" den Stumpfen Turm [*]). die Cöln—Zülpicher Straße, die Asbacher Landstraße und den Alt-Rennenberg [**]), der Weg bei der Meierei Annaberg den Drachenfels. auf den er gerichtet ist. Aber ganz ähnlich ist es in den andern Wäldern. Im Rheinbacher Wald vermißt der Schweinheimer Pfad den Tomberg, auf den er gerichtet ist. Im Königsforst befinden sich die Linien der Vermessung von Cöln mit Calais-Sangatte und die Abweichung ihrer geodätischen Linie vom Breite-Grad. Diese geodätische Linie wird durch die Aachenerstraße in Köln angegeben, welche auf den

Lüderich gerichtet ist. die Straße im Lohmarer Wald gibt den rechten Winkel dazu an. Auch der Wald des Siebengebirges dient zu Vermessungslinien. Es befinden sich dort die beiden „Stellwege", wovon der eine auf den Oelberg, der andere auf den Asberg gerichtet ist und beide Berge vermessen. Ferner die Asbacher

Figur I. Der eiserne Mann.

Aliquibus locis propter sterilitatem aut indigentiam, eo quod non invenimus lapides peregrinos quos ponere, ex ipso metallo saxum a ferro signavimus. D. h.:

„Einige Orte haben wir wegen der Unfruchtbarkeit und Armut des Bodens, auch weil wir fremde Steine zum Aufstellen dort nicht fanden, mit einem Block aus wirklichem Metall von Eisen bezeichnet."

Landstraße, die im Zusammenhang mit den Vermessungen des Kottenforstes steht und auf den von ihr vermessenen Alt-Rennenberg gerichtet ist. Diese Beispiele von römischen Straßenlinien in den Wäldern mögen genügen. sie zeigen, daß die Römer, als sie hieher kamen, ein ausgedehntes Straßennetz vorfanden, so daß sie für ihre Vermessungen die nur wenige Wege besitzenden Wälder in Anspruch nahmen, auch um, wie schon gesagt, Holz zu gewinnen und die dazu nötigen Abfuhrwege anzulegen. Die Wälder bestanden also zu ihrer Zeit, was bei jedem derselben aus der Anlage der Schneisen bewiesen werden kann,

2) Die Weiterführung der Straße von Ippendorf bis zum Lager in der Nordstadt erfolgte erst im Jahre 70.
3) Vergl. Die röm. Geodäten im Rheinland, I. Teil. Rhenania-Verlag.
*) An der Straße Cöln—Zülpich, bei Villenhaus.
**) Fig. 1, 2 und Taf. VIII.

die in rechtwinkeligen Dreiecken mit dem Quintariusmaßstab ausgemessen sind. Das von römischen Vermessungslinien durchzogene und vermessene praehistorische Straßennetz ist stellenweise, wo guter Boden vorhanden ist, so engmaschig, daß es auf dichte Bevölkerung schließen läßt. Leider ist es in den letzten Jahrzehnten durch das Zusammenlegungsverfahren vielfach bis zur Unkenntlichkeit zerstört worden.

DAS EBURONISCHE BONN

Daß viele tausende von Jahren vor der Ankunft der Römer die Gegend hier stellenweise dicht bewohnt war, darauf weist also das Straßennetz hin, eine andere Frage ist es jedoch, ob die Bevölkerung b e i i h r e r A n k u n f t hier sehr groß war. Das scheint nicht der Fall gewesen zu sein, denn dafür sind im Vergleich z. B. mit Flandern zu viele gradlinige Römerstraßen vorhanden. Die Anlage einer solchen neuen Straße bedeutet nämlich immer einen Eingriff in bestehende Verhältnisse und dieser Eingriff geschieht um so leichter je weniger Bewohner vorhanden sind.

Das linksrheinische Gebiet litt nämlich zur Zeit, als die Römer hier am Rhein erschienen. andauernd unter den Eingriffen der Germanen. Das war bekanntlich auch der Grund, weshalb Caesar zweimal den Rhein überschritt. Die Bevölkerung hier war keltisch, darauf weisen die vielen Ortsnamen hin, welche dieser Sprache angehören, die auf m a g e n , wie Dormagen, Remagen, Neumagen, die auf dunum, durum, dulum wie Daun, Düren, Rigodulum, die vielen auf ach, acum, Andernach, Rübenach, Dreckenach usw. Bonn gehört auch dazu und sein Name soll einen geschützten Ort bedeuten.

Das war tatsächlich bei dem keltischen Bonn der Fall. Es lag auf einem Höhenrücken, der sich von der jetzigen Coblenzerstraße bis zur Mündung des Dransdorfer Baches erstreckte[4]. Nach dem Venusberg hin befand sich ein Sumpfbecken, durch die Abwässer dieses Berges gebildet, die damals noch nicht den Abfluß in den Dransdorfer Bach besaßen. Die gallischen Befestigungen bestanden in dieser Zeit sehr häufig in durch Wasser und Sümpfe geschützten Orten, wie am besten aus Caesars gallischem Krieg hervorgeht. Paris (Lutetia) lag auf einer Insel, von Avaricum (Bourges) heißt es, daß es leicht zu verteidigen, da es von allen Seiten teils von Sümpfen, teils vom Flusse umgeben sei und nur einen schmalen Zugang besitze. Aehnlich verhielt es sich mit Bonn: das Sumpfbecken besteht jetzt noch zwischen Kessenich und der Stadt, es war früher bedeutend tiefer,

wie jetzt die Gärten an der Königstraße und Poppelsdorfer Allee zeigen, an letzterer ungefähr 4 Meter unter dem Straßenniveau an der Eisenbahn, und bei der Anlage eines Brunnens bei dem Hause von C. Hauptmann, später von Prof. Binz, stieß man in beträchtlicher Tiefe auf das Hinterteil eines Nachens mit einem eisernen Ring, in welchem das Steuer gesteckt hatte.

Auf diese Zeit geht auch der alte Heerweg zurück, der auf die Groma[5]) des damaligen Römerlagers gerichtet war. Dieses Lager war

Figur 2. Der Stumpfe Turm.

kleiner wie das spätere des Jahres 70, es lag etwas südwestlich davon und auf seine porta sinistra (Südtor) war der Hauweg, die via principalis des Lagers auf dem Venusberg gerichtet. Das Südtor heißt nämlich s t e t s porta sinistra, wenn die porta praetoria nach

---

4) Vergl. Die römischen Geodäten am Rhein, I. Teil, Rhenania-Verlag 1921.

5) Groma heißt der Schnittpunkt der via principalis und via praetoria eines Lagers und das Vermessungsinstrument.

Osten gerichtet ist. Die Alten dachten sich nämlich die Sonne als ein Wesen, welches täglich seinen Lauf um die Erde von Osten nach Westen beschreibt, hierbei lag Süden auf der linken Seite, Norden auf der rechten, woher die Ausdrucksweise porta sinistra und dextra, rechtes und linkes Tor, stammt. Hygin bemerkt ganz richtig dazu, daß es Gegenden in Aegypten gibt, nämlich jenseits des Wendekreises des Krebses, wo die Sache sich umgekehrt verhalte.

Dieses Bonner Lager, in der Nähe des späteren, sperrte die Landstraße nach Cöln, die in 150 Meter Entfernung an seinen Wällen vorbeigeführt war. Taf. IV, 1.

Oestlich konnte man des Rheines wegen nicht daran vorbeiziehen, westlich nicht der Sümpfe wegen, denen wahrscheinlich noch künstlich nachgeholfen worden war. Der alte Heerweg führte vom Lager auf die Landstraße nach Buschhoven und Trier und sein hoher Damm machte jeden Abfluß des Wassers nach dem Dransdorfer Bach hin unmöglich, was auch beabsichtigt war.

Um von dem Lager auf dem Venusberg an das der Nordstadt zu kommen, folgt man der Sebastiansraße, um dann an der jetzigen Immenburg auf den alten Heerweg*) zu gelangen.

In dieser Weise hatten die Römer das früher keltische Bonn befestigt, welches Caesar hier vorfand.

Er hatte, wie er sagt, das ganze Volk der Eburonen wegen seiner Treulosigkeit vernichtet, indem er alle Grenzvölker einlud, ihr Gebiet zu plündern. „Es kam", fährt er fort, „auch wirklich sofort von allen Orten viel Volk herbei." Wenn man nun bedenkt, daß das Land der Eburonen sich von Aduatuka, Stavelot, bis zum Rhein erstreckte, so kann die Vernichtung doch gar gründlich nicht ausgefallen sein, umsomehr, als Caesar es für nötig findet, auch 2000 sigambrische Reiter hierbei zu erwähnen, die mit Schiffen und Flößen unterhalb Bonn über den Rhein gingen, um sich an der Plünderung zu beteiligen. „Sie zogen", so sagt er, „in das Gebiet der Eburonen ein, also wohl auch in die Gegend um Bonn.

---

*) Heerweg heißt auf Lateinisch: via militaris. Der römische Geometer Isidorus sagt davon, daß man Wege so nenne, die auf einem hohen Lager von Steinen ruhen.

machten viele Flüchtlinge zu Gefangenen und erbeuteten eine Menge Vieh, worauf die Barbaren", wie er sagt, „sehr begierig sind. Die Beute reizte sie weiter vorzudringen, denn die gefangenen Eburonen teilten ihnen mit, daß sie·in Aduatuka, wo das ganze römische Heer sein Gepäck zusammengebracht hatte, noch größere Beute erobern könnten. Sie griffen das römische Lager an, wurden jedoch geschlagen und zogen mit der vorher gemachten Beute wieder heimwärts über den Rhein."

Das Land der Eburonen scheint also wenig bewohnt gewesen zu sein, denn, wie Caesar berichtet, reizten die gefangenen Eburonen die Beutegier der Sigambren dadurch, daß sie ihnen sagten: „Was lauft ihr hier einer so elenden, armseligen Beute nach, wo sich in Aduatuka euch das größte Glück bietet." Und das ist verständlich, wenn man bedenkt, daß das Land bis dahin fortwährend von den Raubzügen seiner östlichen Nachbaren heimgesucht wurde, so daß nur Städte in geschützter Lage, wie Bonn, bestehen konnten.

Wäre es nämlich mehr bewohnt gewesen, so hätten die 2000 sigambrischen Reiter nicht nötig gehabt bis nach Stavelot zu ziehen, um nicht befriedigt zurückzukehren und über eine gewisse Menge von Gefangenen und Vieh können schließlich 2000 Reiter auch nicht transportieren.

Auf jeden Fall wurde bei dieser Gelegenheit Bonn nicht zerstört und seine Einwohner nicht ausgerottet, denn sonst würde sich sein keltischer Name nicht erhalten haben, den die Römer doch vorfanden, als sie einige Jahre nach dem Jahre 53 ihre Befestigungen hier anlegten.

Ungefähr 15 Jahre bestand dann ein eburonisches Bonn unter römischer Herrschaft und daß zu dieser Zeit hier keltisch gesprochen wurde, bezeugen außer dem Namen Bonn auch noch die Namen Merl, Villip, Wesseling usw. In diese Zeit fällt auch die Gründung des Lagers auf dem Venusberg, die Erbauung des Turmes auf dem Godesberg, dessen untere Hälfte römisch ist. Die Vermessung der Wege im Kottenforst zeigt den römischen Verbindungsweg und die Größenverhältnisse des Turmes weisen unzweifelhaft auf einen römischen Baumeister hin. Fig. 3.

Römische Maße. 1 Grad des Ptolemaeus 111,265 km = 31,25 Quintarius = 75 Meilen = 50 Leuken = 60 Stadien = 25 Rasta

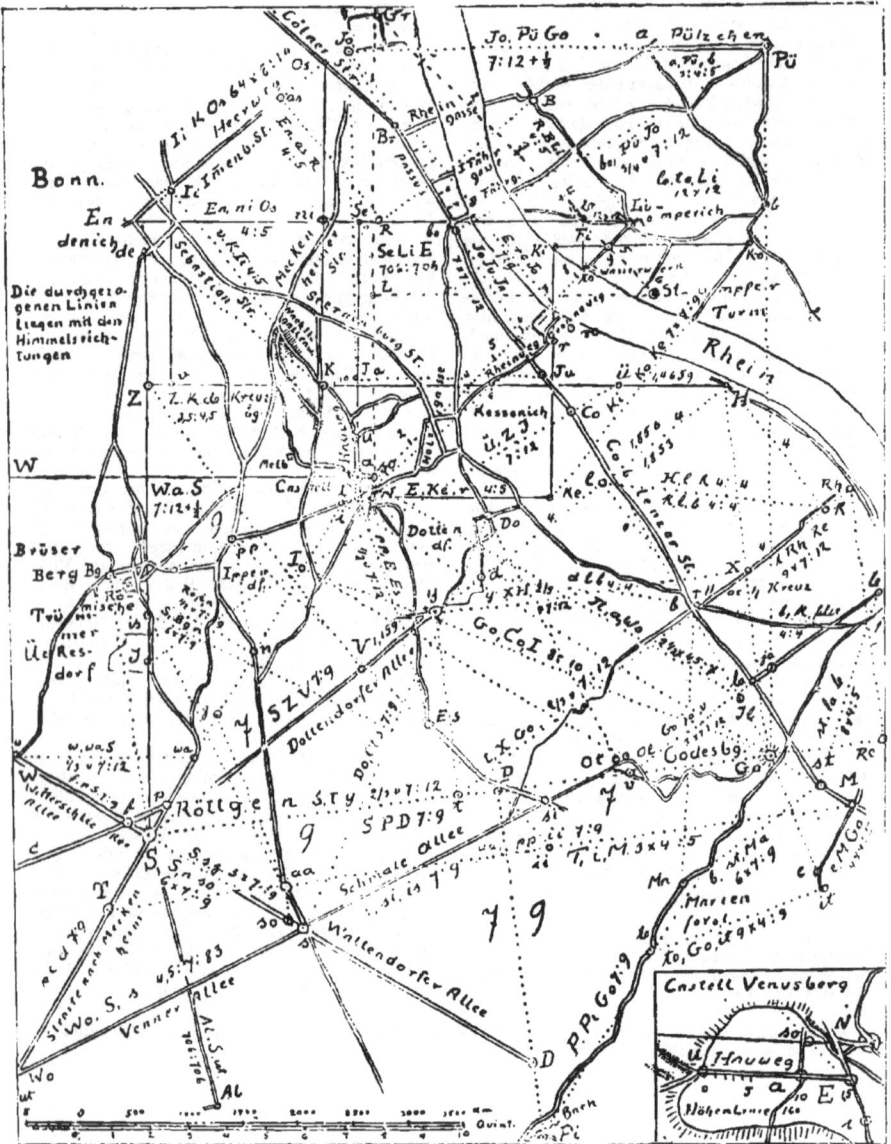

Figur 3.

DER GODESBERGTURM

Zieht man nämlich ein Quadrat um seinen Grundriß, G, N, S, M, so ist die Länge von dessen Diagonale G—S = 10 römische Passus. Teilt man diese Länge in 6 gleiche Teile, G, H, I, P, W, so gibt das erste Sechstel G—L den Raum zwischen der Mauer und der Ecke des Quadrates wieder, das zweite L—H die Mauerstärke, das 3. und 4. H—P die lichte Weite, das 5. P—W wieder die Mauerstärke und W—S dasselbe wie G—L.

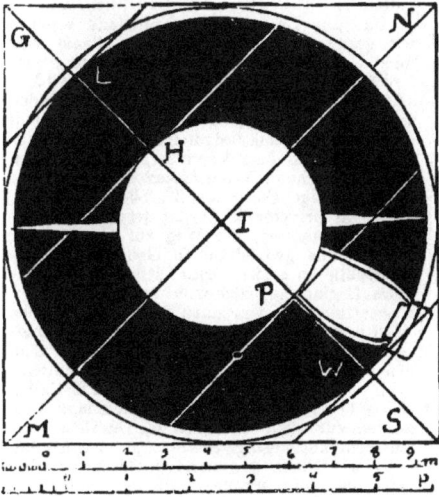

Figur 4.

Grundriß des Godesbergturmes.

Vergrößerung aus „Clemen, Kunstdenkmäler".
Buchstaben und Linien sind hinzugefügt.

Der Raum zwischen L und G—N ist für den Sockel und das Fundament freigelassen, die ihn jedoch nicht ganz ausfüllen. Die Höhe des Erdgeschosses ist 4 Passus, die des 2. und 3. je 2 Passus.

Diese Teilung der Diagonale eines Quadrates kommt bei den römischen Vermessungen häufig vor. Nimmt man z. B. Punkt G als Vermessungspunkt des römischen Lagers in der Nordstadt an, Punkt S als den stumpfen Turm, hier 10 Passus, dort 1 Quintarius, wie auf Taf. IV 4 wiedergegeben, so ist auch diese Linie gesechstelt. Punkt W bedeutet dann den Weg am Beueler Wasser-

werk, der 400 Passus vom St. Turm entfernt, die Linie G—S im rechten Winkel schneidet. Ist der Turm nun seinen Verhältnissen nach römisch, so ist er auch in Bezug auf seinen Mörtel, da seine Putzschicht stellenweise fast gesprenkelt mit römischen Ziegelstückchen ist, eine römische Bautechnik.

Der Godesbergturm ist also nach seiner Stellung, nach seinen Abmessungen und nach seinem Mörtel römisch. Nun kommt aber auch noch seine Gründungsurkunde hinzu, die in Clemen „Die Kunstdenkmäler" S. 285 abgedruckt, aber unrichtig übersetzt ist! Sie lautet:

„Conradus extendit et nobiliter auxit castrum Gudinsberg, forti in ea et mirifica turre, de novo exstructa cum quibusdam edificiis opportunis."

Die unrichtige Uebersetzung lautet: „C. erbaute einen mächtigen und wunderbaren Turm von Grund auf". Die richtige: „C. vermehrte das Castrum Gudinsberg durch den in ihm befindlichen starken und wunderbaren Turm, den er erneuerte".

„Erneuern" ist also in ganz unrichtiger und willkürlicher Weise in „vom Grund aufbauen", also in das Gegenteil verändert, das erinnert an die eine Tür im St. Turm, wo deren doch zwei sind. De novo kommt im klassischen Latein nicht vor, ist dort immer in „denuo" zusammengezogen. Vergl. Georges „von neuem, wieder, von der Wiederherstellung eines vernichteten Gegenstandes. z. B. urbes terraemotis subversas denuo condidit. Sueton. Er stellte die vom Erdbeben eingestürzten Städte wieder her" Die Städte waren also vorhanden, ebenso wie der Turm der Godesburg.

(Uebrigens ist die Urkunde auch unrichtig abgeschrieben, es muß heißen „forti in eo" und nicht ea, da eo sich auf das Castrum bezieht.)

Man kann vielleicht die Wiederherstellungsarbeiten Conrads am Turm feststellen. Das alte Mauerwerk geht anscheinend bis über das dritte Geschoß. Die Schießscharten, der innere Ausbau und die Verbindung mit der Burg sind seine Zutaten [6].

Nun kommt ferner noch hinzu, daß der Turm der Godesburg durch die römische Vermessung festgelegt ist und zwar in direktem Zusammenhang mit dem Lager auf dem Ve-

6) Der Turm der Godesburg und der Plan des Gymnasialunterrichts. Rhenania-Verlag. 20 Pfg. Nicht ausgeschlossen ist jedoch, daß die Schießscharten gleichfalls römisch sind.

nusberg und dem großen Vermessungspunkt bei Röttgen. Wie man sieht, ist die Meckenheimer Landstraße bei Röttgen (S. Fig. 5) auf die Groma des Lagers auf dem Venusberg gerichtet und vermißt dasselbe mit einem durch eine Senkrechte geteilten gleichseitigen Dreieck, dessen Hypotenuse a—W = 2,1 Quintarius lang, die kurze Kathete also 1,05 Q. beträgt. Die Dottendorfer Allee bildet mit Punkt S und der Linie S—Go. ein Dreieck von 0,7 : 0,9 : 1,14. S, D, P, die Straße Villip bis Godesberg mit Go, p. pi, wieder ein Dreieck von gleicher Größe, also 0,7 + 0,9 = 1,6 Quintarien, also liegt der Godesberg in dieser Entfernung von Punkt S. in Röttgen.

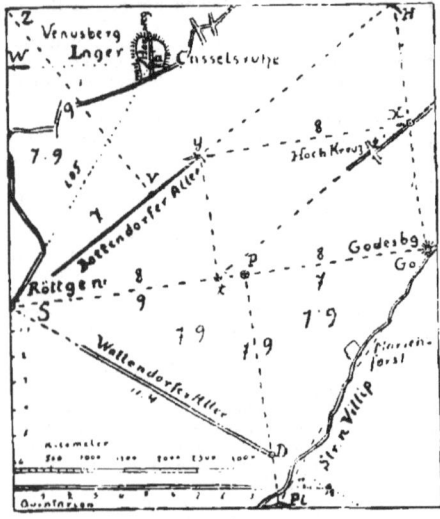

Figur 5.

Er ist aber noch einmal vermessen und zwar wieder mit einem gleichseitigen, durch eine Senkrechte geteiltem Dreieck, welches durch die Dottendorfer Allee angegeben ist. Die Senkrechte S—t ist hier 0,8 lang, also ist die Hypotenuse = 0,924 und die kurze Kathete = 0,462 lang, das zweite Dreieck wird durch die Straße am Hochkreuz angegeben und ist von gleicher Größe. 2×S macht wieder 1,6 Q. Der Turm des Godesburg hatte den Zweck, die Umgebung des Bonner Lagers zu verhindern. ebenso wie das Bonner Lager, bildete auch er, eine Straßensperre. Das ist der Grund, weshalb die Straße Godesberg—Villip in so unnötiger Weise so dicht an seinem Fuß

vorüber geleitet ist, daß eine beträchtliche Steigung entsteht. Dem Berg gegenüber fließt der Godesberger Bach und dieser mag hier auch versumpft gewesen sein, damit man gezwungen war, ganz dicht am Godesberg vorbeizugehen, um eventuell von Steinwürfen getroffen zu werden, wenn das Vorüberziehen verhindert werden sollte.

In welcher Weise dieses System der Straßensperrungen überall durchgeführt wurde, werden wir auch später sehen. Nicht mit Unrecht behaupteten die Germanen von den Römern, daß sie gegenwärtig die Flüsse der Länder und beinah auch den Himmel gesperrt hätten [7]).

Das alte Lager in der Nordstadt, welches wie gesagt auch als Wegesperre diente, war nicht so groß, wie das spätere, wie aus seiner Vermessung hervorgeht, ungefähr 300:300 Mtr. (das spätere 550:550). Nach den Funden soll ein Reiterregiment, die ala Pomponiani hier gelegen haben, bedeutender war allerdings das Lager auf dem Venusberge, welches den topographischen Verhältnissen angepaßt, eine unregelmäßige Form besaß: 534 : 356 Meter; seine via principalis ist der jetzige Hauweg, seine via praetoria der Weg zur Casselsruhe, welcher aus geometrischen Gründen die via principalis im ersten Drittel schneidet [8]). Eine halbe Legion mag hier wohl untergebracht gewesen sein. Es war nach Süden durch einen Wall und Graben, wovon noch Reste bestehen. vor welchem der Exerzierplatz lag, nach Südosten durch den steil und tief eingeschnittenen Weg nach Kessenich, im übrigen durch Pallissaden befestigt. Seine Porta decumana liegt an dem zur Melb führenden Weg, welcher hier eine sehr abschüssige Stelle zeigt. Seinen Zugang zur Porta decumana, bildet der vorher genannte Weg nach der Melb, der dann durch das Melbtal weitergeführt wird, vor Poppelsdorf in ganz unnötiger Weise tief in das Gelände eingeschnitten ist und neben dem, ebenso tief eingeschnittenen Nachtigallenweg endet, der den Zugang zur porta dextra bildet. Auch weiter aufwärts sind beide Wege stellenweise in das Gelände eingeschnitten, nach Ansicht des Verfassers, um den Truppen ihn als Zugang zu einem Lager zu kennzeichnen, als via militaris. Das scheint der Grund zu sein, weshalb der Mordkapellenweg und der Stationsweg auf dem Kreuzberg gleichfalls in ganz unnötiger Weise und wegebautechnisch u n p r a k t i s c h in das Gelände eingeschnitten sind, da auf dem Kreuzberg ein kleines Kastell

7) Tac. hist. 4 64.
8) Um nämlich vom Vermessungspunkt bei Röttgen S eine Länge von 1,05 Q. herzustellen, die Hälfte von 2,1. Dr. von 1,05 : 2,01 : 1,74.

lag, welches durch den nördlichen Teil des Gudenauer Weges vermessen, der jetzt auf den Turm der Kreuzbergkirche gerichtet ist.

Der tiefe Einschnitt der Trierer Straße oberhalb der Aktienbrauerei, der gleichfalls unnötig ist, da er leicht vermieden werden konnte, hat jedoch einen anderen Grund. Er war ursprünglich genau auf die Groma des Bonner Lagers in der Nordstadt gerichtet. ist aber infolge der wechselnden Ton- und Kiesschichten g e r u t s c h t. Ebenso wie vor 50 Jahren, nach dem Bau der Aktienbrauerei, der auch einen tiefen Einschnitt in die Bergseite verursachte, die Straße gleichfalls zu rutschen begann, was sich dadurch bemerkbar machte, daß sie einen Buckel bekam und bergabwärts auswich. Sie wurde dann einigemale nach einiger Zeit wieder gerade gelegt, mit dem Ergebnis, daß die Kirschbäume der bergaufwärtsliegenden Wiese immer näher kamen, bis schließlich einer derselben im Chausseegraben stand. Vor einiger Zeit war oberhalb Ippendorf ein Einschnitt neben dieser Straße gemacht worden, mit demselben Ergebnis eines Bergrutsches. Jetzt ist derselbe zur Ruhe gekommen, aber jeder Ippendorfer wird das hier Gesagte bestätigen. Für die Vermessung ist diese Feststellung jedoch von Wichtigkeit, da die Ecke des Weges auf dem Kreuzberg an der Straße nach Ippendorf jetzt nicht mehr einen Quintarius vom Stumpfen Turm entfernt ist, sondern etwas weniger. Zu römischer Zeit war die Entfernung genau. Uebrigens ist bei dem Bau der Kreuzbergkirche, der ursprünglich hier befindliche römische Weg, gerade gelegt worden, um genau in der Achse der Kirche zu liegen. Man sieht jetzt noch seine ursprüngliche Trace, die Fortsetzung des Weges nach der Melb, links neben dem Wege. Auf dem dreieckigen Abschnitt. der dadurch entstand, ist jetzt eine Kreuztragung Christi gestellt worden, die früher an der Cölner Landstraße sich befand, wodurch die ursprüngliche Führung des Weges bewahrt wird.

In dieser Zeit war man in Rom noch unschlüssig, wie weit man nach Germanien vorrücken sollte, um eine leichtzuverteidigende Grenze zu finden. Auf jeden Fall betrachtete man den Rhein n o c h n i c h t als die Grenze des Reiches. Das zeigte sich auch als Agrippa im Jahre 36 die Ubier auf dem linken, aber auch zum Teil auf dem rechten Rheinufer ansiedelte, ein Beweis, wie menschenleer das Land noch war.

DIE RÖMISCHE KOLONIE

Es ist eine bekannte Tatsache, daß Agrippa die Ubier auf der linken Rheinseite ansiedelte. Sie wohnten ursprünglich auf dem rechten, was schon aus Caesars Bell. gall. hervorgeht, da dieser im 6. Buch, 29. Kap. mitteilt, daß er nach dem Rückzug seines Heeres von der rechten Rheinseite die Brücke auf dem u b i s c h e n Ufer 200 Fuß lang abbrechen ließ. Also wohnten Urmitz gegenüber damals Ubier, während jetzt die ubische, niederrheinische Dialekt dort nicht mehr gesprochen wird.

Von Bedeutung ist hierbei, daß man die A n l a g e einer römischen Kolonie kennen lernt, da darüber feststehende Vorschriften bestanden, so daß hier auf das Wesen einer römischen Kolonie etwas näher eingegangen werden muß.

Die Anlage einer solchen K o l o n i e war ein ganz genau geregelter Akt. Es wurden die Grenzen derselben festgelegt, das Land wurde genau ausgemessen, ehe die Kolonisten angesiedelt wurden. Die Größe der Landlose wurde auch festgelegt und — die Lage der zur Getreideerzeugung dienenden Lose zu den Himmelsrichtungen. In den Büchern der römischen Geometer finden wir die genaue Darlegung, die mit Zeichnungen illustriert ist. Dadurch, daß die Landlose einer Kolonie in einem gewissen Winkel zur Ostwestlinie, Decimanus genannt, lagen, die der angrenzenden Kolonie in einer anderen, war es vollständig unmöglich, daß eine Kolonie sich auf Kosten der anderen vergrößern konnte, umsomehr, als der durch die verschiedene Lage entstehende Zwischenraum, Subseciva genannt, im Staatsbesitz verblieb. Die Controverse über die Subseciva, die Reklamation der dem Staate verbliebenen oder den Gemeinden überlassenen, nicht assignierten Landlose, nimmt einen großen Raum in der römischen Prozeßliteratur ein; erinnert sei nur an Domitians Entscheidung zwischen den Kolonien Firmum und Falerio im Picenum, die aber hier nicht zur Sache gehört. Taf. VI, Fig. 2, bei Trier.

Tatsache ist, daß man auch hier im Rheinland noch die Verschiedenheit der Lage zu den Himmelsrichtungen der Landlose zwischen den ubischen Losen und denen der Sigambrerkolonie des Tiberius unterscheiden kann, welche dieser im Jahre 9 n. Chr. in der Nähe von Düren gründete. Diese Verschiedenheit der Lage berührte übrigens g a r n i c h t das eigentliche Wegenetz, sondern nur die N o t - w e g e, denn alles Ackerland war mit quadratischen Notwegen versehen, die alle 712 Meter auseinander lagen, der fünfte Notweg war breiter wie die übrigen und hieß **Quintarius**, war also 3,560 km von dem nächsten Quintarius entfernt. Ebenso wie der Süden von Tunis mit einem Netz von Notwegen überspannt ist, die im Winkel von 37,875 Grad zur Ostwestlinie liegen, war dasselbe auch im Rheinland längs der Strecke Köln—Zülpich vorhanden, welche diesen Winkel angibt. Ebenso wie im Norden von Tunis, in der Kolonie Carthago, die Notwege im Winkel von 60 Grad zur Ostwestlinie liegen, war dieses im Rheinland bei der Kolonie der Sigambrer

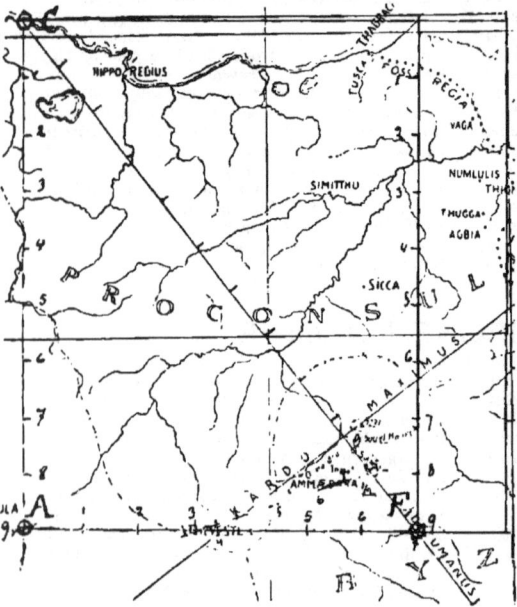

Figur 6. Tunis. Bonner Jahrbücher 120.

der Fall und die Straße Düren—Golzheim gibt diese Linie an, das zu dieser Kolonie gehörende Zieverich, Tiberiacum, erinnert noch an den Namen des Gründers dieser Kolonie, an Tiberius. Auch in der Umgegend von Düren sieht man auf dem Meßtischblatt Vettweiß, wie der Weg von Froitzheim nach Stockheim genau einen rechten Winkel zur Landstraße Düren—Golzheim bildet, parallel dazu liegt die Straße von Frauwüllesheim nach Kelz und zwischen den beiden ein schmälerer Weg, auch wieder parallel, und in der Entfernung von 1 Quintarius zur Straße Froitz-

heim—Stockheim. Auch der Weg von Elsdorf nach Zieverich liegt in derselben Richtung, wie die Straße Düren—Golzheim.

Jedoch nur selten findet man bei diesen Resten von Vermessungen Wege, die in den vorgeschriebenen Entfernungen von 1 Quintarius voneinander liegen, ebenso wie Orte, die an diesen Wegen entstanden sind. Häufiger schon, wenn man diese Entfernungen in Centurien gleich $^1/_6$ Quintarius ausmißt. So liegt z. B. Stockheim von Soller 4 Centurien, Soller von Froitzheim 4 Centurien, Vettweiß im rechten Winkel von der Straße Soller—Froitzheim 4 Centurien, Kelz von Frauwüllesheim 1 Quintarius. Der Grund liegt darin, daß einzelne dieser Notwege vom Verkehr in Anspruch genommen wurden und deshalb erhalten geblieben sind, daß andere, auch wenn sie ursprünglich einen breiten Quintariusweg darstellten, vom Verkehr unberührt blieben und untergingen. Alle diese Vermessungen lagen an einer großen Straße, hier Düren—Golzheim, welche die Achse der Kolonie angab, die Landlose begannen an einem festen Punkt und waren alle von derselben Größe. Auf diese Weise war eine Grenzverschiebung, wenn auch nicht unmöglich, so doch sofort nachweisbar. Agennius Urbicus sagt darüber: „Wenn jemand einen Stein verrückt hat, so liegt es an der providentia mensoris, der Wissenschaft des Geometers, im Hinblick auf die anderen Steine, denselben wieder auf seine Stelle zu setzen. Daß diese Notwege mit den eigentlichen Wegen nichts zu tun hatten, geht aus dem Liber Coloniarum hervor, in welchem alle Kolonien aufgezählt werden und mitgeteilt wird, wie sie vermessen sind, entweder in oblongen oder quadratischen Parzellen und ob die Straße, an welchen sie vermessen sind, Staatseigentum ist oder nicht. Im ersten Falle heißt es: „Iter populo debetur", die Straße ist Staatseigentum, muß also erhalten bleiben, auch wenn die Kolonie vernichtet oder umgelegt wird, oder „Iter populo non debetur", wenn die Straße besonders für die Kolonie hergestellt worden ist, also im Falle der Veränderung der Kolonie gleichfalls zerstört werden darf.

In diesem Falle befindet sich die Kolonie der Sarmaten auf dem Hunsrück, die zur Zeit Constantins vermessen wurde.

„Arva Sauromatum nuper metata colonis."

Die kürzlich den Sarmaten vermessenen Ländereien, Auson. 9.

Die Straße, die Ausonius damals befuhr und beschrieb, ist nämlich die heutige, die über Kirchberg, Sohren, Büchenbeuren zu einem „Stumpfen Turm" führt. Neben derselben läuft jedoch südlich ein schmaler Pfad auf den „Stumpfen Turm" zu, die Vermessungslinie der Sarmatenkolonie, der vollständig unfahrbar und stellenweise fast ungangbar, aber so gut befestigt ist, daß er sich bis heute erhalten und auf der Karte als „R ö m e r - s t r a ß e" eingetragen ist. Von diesem Pfad würde es also im Liber Coloniarum geheißen haben: „Iter populo non debetur", und er durfte bei der Veränderung der Kolonie vernichtet werden. Es sei hier noch eingeschaltet, daß ein solcher Weg, der die Achse einer Vermessung angibt „Decimanus" im ü b e r t r a - g e n e n Sinne heißt, da diese Benennung sonst stets eine Ostwestlinie bedeutet.

Diese Auseinandersetzungen waren nötig, wenn man verstehen will, wie die Ubier verpflanzt wurden und die Bedeutung hiervon für die Stadt Bonn.

Da die Ubier fortwährend von ihren südlichen Nachbaren, den Sueven (Schwaben), bedrängt wurden, bot ihnen Agrippa das leerstehende Land der Eburonen an.

Sie werden von Caesar als gebildeter wie die übrigen Germanen bezeichnet, weil sie am Rhein wohnen, viele Kaufleute zu ihnen kommen und wegen der Nachbarschaft an gallische Sitten gewöhnt sind. [9]

Hundert Jahre später sagt Tacitus von ihnen: „Die erprobte Treue der Ubier hat sie an den Rhein verpflanzen lassen, als Hüter des Stromes und nicht als von uns Bewachte!" [10]

Wir haben gesehen, wie die bestehenden Straßenlinien auch dazu benutzt wurden, um als Vermessungslinien der Kolonien zu dienen, die Straße Düren—Golzheim für die Sigambrer, die Cöln—Zülpicher für die Ubier, in dem Sinne als von den hier vermessenen Landlosen Getreide zu liefern war. [11]

Nun bestand von der großen Erdvermessung her, als der Meridian Cöln [12] — Nür-

burg festgelegt wurde, ein Vermessungsdreieck Nürburg, Hachenburg und ein Punkt nördlich von Cöln, der 20 Quintarien von der Nürburg entfernt ist. Nennen wir ihn X. Er bildet das Dreieck X, Hachenburg, Nürburg von 20 : 20 : 20 Quintarien. (Ein zweites Dreieck wurde an diesem Meridian vermessen, Cöln, Altenkirchen und Z auf dem Meridian, von 16 : 16 : 16 Quintarien.)

Die Vermessung mit Hachenburg ist durch die „R h e i n i s c h e S t r a ß e" in Hachenburg festgelegt, die haarscharf auf die Nürburg gerichtet ist, eine Linie, die wie gesagt, genau 20 Quintarien lang ist (712 km). Eine Leistung der römischen Geometer, welche für die Modernen unfaßbar und unbegreiflich erscheint, weil die Römer keinen Theodolit und keine Fernrohre besaßen. [13] Diese nun einmal bestehende Linie wurde von Agrippa als Grenze der Ubierkolonie nach Süden bestimmt. Diese Prozedur war sehr einfach und nicht kostspielig, hatte aber den Nachteil, daß sie nur mit großen Kosten im Gelände verwirklicht werden konnte. Er nahm deshalb von Altenkirchen an die Wied als Grenze an. Das ist der Grund, weshalb man heute noch in Altenkirchen Coblenzer Deutsch spricht. Von der Wied bis Waldbreitbach führt ein fast schnurgerader Weg über den Mahlberg nach Hönningen, wo der Limes beginnt, dem Vinxtbach gegenüber, der als Grenze von Ober- und Untergermanien bekannt ist. Dann dem Vinxtbach nach zur Kohlenstraße und dieser folgend, an Jammelshofen vorbei, über M e u s p a t h zur Nürburg.

Ueber den Namen „Kohlenstraße" muß notwendigerweise hier etwas eingeschaltet werden. Es sind wohl 18 Jahre her, daß der Verfasser sich diese Straße mit dem sonderbaren Namen einmal ansehen ging. In Oberdürrenbach sagte ihm ein Wirt, daß diese Straße nicht Kohlen- — sondern Cölnstraße heiße. Der etwas redselige alte Wächter auf der hohen Acht war der gleichen Ansicht, dem Verfasser blieb jedoch dieser Name unverständlich Nun stellt es sich heraus, daß diese Straße wirklich Cölnstraße heißt, als Grenze des alten römi-

9) C. Bell gall. IV 3.
10) Tac. Ger 28. Nirgendwo findet man jedoch die Mitteilung, daß die Ubier n u r a u f d e m l i n k e n Rheinufer angesiedelt worden seien.
11) In Tunis ist die Sache so, daß das ganze Land von Carthago an bis zu seiner südlichen Grenze von einem Netz von Notwegen überzogen ist; dieselben sind jedoch nur v o r h a n d e n, wo A c k e r b a u l a n d ist. Die Steine dieser Vermessungen dagegen hat man noch angetroffen, welche alle in der Richtung der Cöln — Zülpicher Straße liegen, Dreieck von 7 : 9, vergl. Bonner Jahrbücher 120. Auf dem daraus entnommenen Zeichnungsausschnitt, Figur 6, ist die von Nordosten nach Südwesten gehende Linie mit Cardo maximus bezeichnet, die im rechten Winkel dazu: Decimanus maximus. Die eingezeichneten Zahlen geben an, daß diese Linien ein Dreieck von 7 : 9 mit dem Meridian bilden, wie die Straße Cöln — Zülpich.
12) Cöln-Römergasse.

13) Noch bei jedem Vortrag vor Fachleuten ist dem Verfasser vorgehalten worden, daß diese Leistung einfach unmöglich sei. Der Erklärung, w i e dieselbe zustande kam, fügte der Verfasser dann hinzu, daß Professor Dr. E. von Hammer, Stuttgart, in den Württembergischen statistischen Jahrbüchern berichtet, daß er 19 Kilometer von dem württembergischen, 80 Kilometer langen Pfahlgraben, der ein sehr kupiertes Gelände durchschneidet, nachgemessen habe und dabei fand, daß man es m i t d e n m o d e r n e n I n s t r u - m e n t e n und d e m T h e o d o l i t nicht besser machen könne.

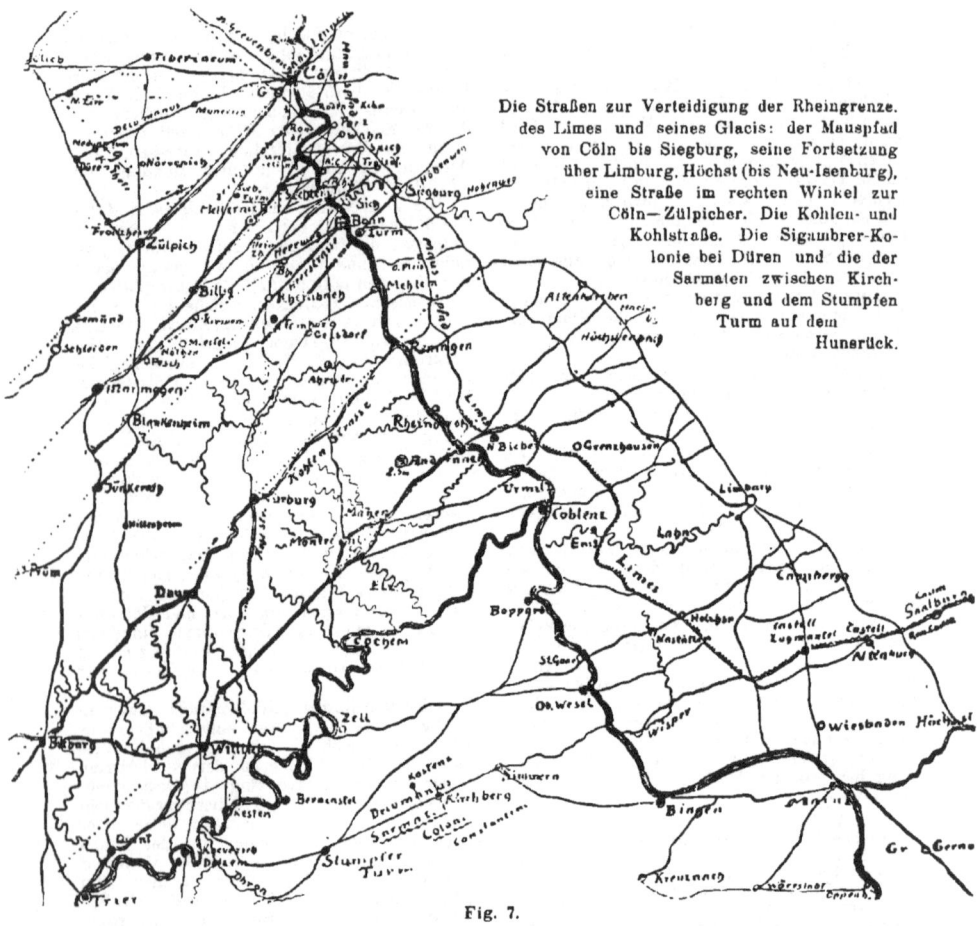

Die Straßen zur Verteidigung der Rheingrenze.
des Limes und seines Glacis: der Mauspfad
von Cöln bis Siegburg, seine Fortsetzung
über Limburg, Höchst (bis Neu-Isenburg),
eine Straße im rechten Winkel zur
Cöln-Zülpicher. Die Kohlen- und
Kohlstraße. Die Sigambrer-Ko-
lonie bei Düren und die der
Sarmaten zwischen Kirch-
berg und dem Stumpfen
Turm auf dem
Hunsrück.

Fig. 7.

schen „Regierungsbezirks Cöln", damals Germania inferior genannt, und der Ort
Meuspath an der Nürburg, d. h. „Mauthpfad",
von einer Zollerhebung an der Provinzgrenze,
die bei den Römern häufig bestand.

Nun kommt aber noch mehr. Südlich der
Nürburg, parallel zum Meridian Cöln—Nürburg, findet sich auf der Karte eine „Kohlstraße". Die Erklärung gibt Ausonius, der
nach dem vorher zitierten Vers, fortfährt:

„Et tandem primis Belgarum conspicor oris
Novimagum . . ."

Er sieht also beim Eintritt in die Provinz
Belgium das naheliegende Neumagen. Neumagen liegt nämlich tatsächlich nur 4½ Kilometer jenseits des die Grenze bezeichnenden
Cölner Meridian, also „primis Belgarum oris".
Dort, wo die Straße, die Ausonius bereiste, diesen Meridian überschreitet, ist auf dem Meßtischblatt ein „Römergrab" eingezeichnet
also ein durch ein Grab geheiligter Vermessungspunkt. Der Name „Kohlstraße"
kommt also von dem Cölner Meridian her, dem
sie parallel läuft und die Grenze bezeichnet

zwischen Germania superior und Belgium. (Fig. 7.)

Es wurde vorher gesagt, daß die Römer damals den Rhein noch nicht als die Grenze betrachteten, das geht auch aus der Cöln—Frankfurterstraße hervor, welche genau im rechten Winkel zur Cöln—Zülpicherstraße angelegt ist. Sie geht über Höchst an Frankfurt vorbei bis nach Neu-Isenburg und bildet die Kathete 45 eines Dreiecks von 45 : 57 : 35 Quintarien. Die Hypotenuse 57 wird durch die schnurgerade Straße bis E r b e n h e i m angegeben, die Kathete 35 durch die Fortsetzung der Cöln—Zülpicher Straße. Infolgedessen wurden die Ubier nicht allein linksrheinisch, sondern auch rechtsrheinisch bis zur Wied und bis Hönningen angesiedelt. Noch bis heute spricht man bis dahin den niederrheinischen Dialekt, noch bis heute ist bei Niederbreisig am Vinxtbach die Grenze zwischen Schwarz- und Weißbrot *)

DAS UBISCHE BONN

Vom Jahre 36 an, bestand also in Bonn sowohl eine keltische, als ubische Bevölkerung und daß die Kelten die Priorität besaßen, darauf weist, wie schon gesagt, die Erhaltung der keltischen Städtenamen hin. Aber die Ubier gaben nun auch den Orten, Bächen, römischen Einrichtungen usw. deutsche Namen. Dazu gehört an erster Stelle das Wort „M a u s - p f a d", ein Weg, an dem Zoll erhoben wurde. So weist das Meßtischblatt von Mülheim bis Troisdorf mehreremals die Bezeichnung Mauspfad auf, die Zollgrenze nach Germanien, wo das Gepäck und das Fuhrwerk auf zollpflichtige Gegenstände durchsucht oder d u r c h - m a u s t wurde; in Bonn haben wir zwischen dem damaligen Groß- und Freimarkt auf dem Münsterplatz und dem Kleinmarkt auf dem Marktplatz den Mauspfad, in Trier zwischen dem Forum, dem jetzigen Kasernenplatz, an welchem die Basilica, Börse steht, und dem Markt, die M u s t o r s t r a ß e und wie vorher schon erwähnt, an der Nürburg das Dorf Meuspath, wie in Bingen der Mäuseturm, der bekanntlich auch ein Zollturm war. (Fig. 8.)

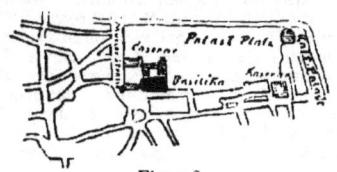

Figur 8.

Forum in Trier (Palast-Platz) mit Basilika und Zollgrenze (Mustorstraße).

Ein zweites Wort, welches sehr häufig vorkommt, ist die Bezeichnung H e e r w e g oder H e e r s t r a ß e. Sonderbarerweise werden damit niemals die großen Straßen bezeichnet, die am meisten von den Truppen begangen wurden, wie z. B. die Bonn—Cölner oder die Cöln—Trierer, sondern immer Wege und Straßen die in Beziehung zu einem Lager stehen. So in Bonn der „alte H e e r w e g" und die Heerstraße. Ersterer war auf die Groma des a l t e n Lagers gerichtet, die zweite auf die Groma des n e u e n. In Aachen ist auf die Groma des von dem Verfasser dort entdeckten Lagers der Adalbaret - S t e i n - w e g gerichtet. Hochstraße und Steinstraße sind nämlich Synonyma vom Heerweg, denn der Geometer Isidorus sagt, daß eine Heerstraße eine auf einem h o h e n Damme von S t e i n e n ruhende Straße sei. Taf. VI, Fig. 1 und Taf. VII.

Auch in Brügge in Flandern ist wieder eine Hoch- und eine S t e i n s t r a ß e, zu der Vermessung des Lagers gehörig. Andere römische Bezeichnungen wurden von den Ubiern ins Deutsche übersetzt, so z. B. Langerwehe = weiler, von Longus vicus, wieder andere wie z. B. die Städtenamen Cöln, Aachen, Trier, Coblenz einfach übernommen, aber in verstümmelter Form. Hierzu gehört auch der Name Stellweg, der zweimal im Siebengebirge vorkommt und jedesmal einen Weg angibt, der auf einen Berg gerichtet, ihn vermißt, auf dem ein Kastell sich befand, den Oelberg und den Asberg. Eine ähnliche Abkürzung wie Düren von Markodurum und Trina von Catherina. Stellweg kommt in dieser Weise von Kastellweg her, der Name Jünkerath dagegen von dem griechischen Oikorigion, sprich Wikorigion = kaltes Haus.

Jedoch das wichtigste Wort, was uns die Ubier aus römischer Zeit hinterlassen haben und welches im direkten Zusammenhang mit der Geschichte unserer Stadt steht, ist die Bezeichnung die „Gumme", der Name eines Baches, der die Tagewässer des Venusberges sammelte und in den Endenicher Bach führte.

*) Die Straße Cöln — Frankfurt bildete das Glacis des Limes, zwischen diesem und ihr befand sich das unbewohnte bewaldete Land der Reichsgrenze, dessen Waldungen zum g oßen Teil noch erhalten sind.

In den mittelalterlichen Urkunden wird sie als Bach bezeichnet, z. B. heißt es: „Ecclesia St. Cassii, constructa super rivulo Gumma. Anno primo regnante Lothario rege (841). Nun bedeutet aber Gumme B e c k e n. Im Holländischen heißt das Wort „Kom", im rheinischen Dialekt „die Kump". Hieraus geht hervor, daß die Gumme einmal im Zustande eines Beckens bestand, ehe sie zum Bache wurde, und letzteres geschah im Jahre 70 n. Chr., als die jetzige Stadt Bonn gegründet wurde, wie wir später sehen werden. Hier soll nur darauf hingewiesen sein, daß während des Zusammenlebens der Ubier mit den Rö-

mern, vom Jahre 38 v. Chr., bis zum Jahre 70 n. Chr., das ubische, deutsche Wort Gumme so festen Fuß gefaßt hatte, daß es sich auch erhielt, als es den Tatsachen nicht mehr entsprach, als das Sumpfbecken, welches die Befestigung des keltischen und frührömischen Bonn bildete, im Jahre 70 trocken gelegt wurde, wodurch die sanitäre Vorbedingung für die Gründung der römischen Stadt gegeben war.

Die Ursache weshalb im Jahre 70 die jetzige Stadt Bonn gegründet wurde, finden wir in Tacitus und die Vermessung gibt ihren Kommentar dazu.

DAS ALTE BONNER LAGER UND SEINE ÜBERWINDUNG[14])

Taf. I, II u. Taf. IV, Fig. 1.

Nach der Vermessung zu urteilen, besaß das alte Bonner Lager im Norden von Bonn nicht die militärische Wichtigkeit des Venusberglagers, denn das letztere liegt im direkten Zusammenhang mit dem Punkt S bei Röttgen, der, wie gesagt, einen der Hauptvermessungspunkte südlich von Cöln darstellt. Mit dessen porta sinistra ist die porta sinistra des alten Lagers im Norden vermessen und daran anschließend durch den „alten Heerweg" seine Groma. Seine Größe betrug rund 300 : 300 Meter, und die Cölner Straße ging in einer Entfernung von 150 Meter an seiner Südwestseite vorbei. Die Cölner Landstraße war damals bis zum Punkt Br. durchgeführt, dem späteren Brüdergassenörtchen, auf welches sie gerichtet war und jetzt noch ist. Als jedoch im Jahre 70 das neue Lager etwas mehr östlich erbaut wurde, leitete man die Cölner Straße nach Osten ab und direkt an seiner Südwestecke vorbei, an welcher auch die Heerstraße und die Meckenheimerstraße mündeten, diese Ableitung der Cölner Straße war damals bis an den Punkt N gerichtet, auf welchen vom Geometer auch die Hundsgasse und die Bonngasse gerichtet wurden. Die Hochstadensche Befestigung unterbrach diese Durchführung vom Punkt a an bis N, was der Grund ist, daß aller Verkehr der von Cöln nach Godesberg will, über Cölnstraße, Bonngasse, Markt zur Coblenzerstraße geht, statt wie früher d i r e k t von der Cölnstraße zur Welschnonnenstraße, welche am Punkt N früher zusammentrafen. Nun sieht man auf der Karte Taf. I u. II an der Stelle des Punktes N römische Gebäude eingezeichnet, welche gerade an diesem wichtigen Knoten-

punkt den Verkehr einzuengen scheinen, denn auch die via principalis des Lagers ist auf dieselben gerichtet und weicht sogar etwas von ihrer Linie ab, um zwischen den Gebäuden durchzuführen. Die Sache erscheint rätselhaft, wenn man nicht weiß, daß diese Gebäude schon v o r d e m J a h r e 7 0 vorhanden, also aus der Zeit des a l t e n Lagers waren, denn eines derselben war ein Tempel aus der Zeit des Claudius vom Jahre 44, worauf eine Inschrift zu dessen Ehren, die dort gefunden wurde, hinweist. In dem gegenüberliegenden Gebäude wurden die Reste von Wandmalereien entdeckt, die jetzt im Provinzialmuseum sich befinden.

Es war im Jahre 69, als der Aufstand des Civilis losbrach und die auf seiner Seite stehenden Batavischen Kohorten verlangten in ihre Heimat zurückzukehren: „Flaccus Hordeonius, der Legat von Mainz, schrieb an Herennius Gallus, den Legat der 1. Legion in Bonn, er möge den Batavern den Durchmarsch wehren, er werde ihnen mit dem Heere auf dem Fuße folgen. Er tat dieses jedoch nicht, so daß die Bataver ungehindert bis in die N ä h e von Bonn gelangen konnten. Von hier aus s c h i c k t e n sie einen B o t e n v o r a u s, dem Herennius Gallus zu erklären, sie hätten keinen Krieg wider die Römer vor, für die sie so oft gestritten, sie sehnten sich nach ihrem Vaterland und nach Ruhe. Wenn niemand sich ihnen entgegenstellte, so würde ihr Marsch unschädlich sein; träte man ihnen mit Waffen entgegen, so würden sie den Weg zu finden wissen. Den noch Bedenken tragenden Legaten hatten die Soldaten schon dahin gebracht, das Glück einer Schlacht zu wagen. Dreitausend Legionssoldaten und in Eile zu-

14) Tac. H. IV 18, 19, 20.

sammengebrachte belgische Kohorten nebst einem feigen, aber vor der Gefahr großsprecherischen Haufen von Landvolk und Marketendern brachen aus allen Toren hervor, um die ihnen an Zahl nicht gewachsenen Bataver zu umzingeln. Diese im Felddienst alterfahrenen Krieger scharten sich in Keile zusammen, dicht geschlossen allenthalben und vorn, im Rücken und in der Flanke wohlgedeckt. So durchbrachen sie die dünne Linie der Unserigen. Da die Belgier wichen, wurde die Legion geworfen und voll Bestürzung eilte man dem Walle und den Toren zu. Da war die Niederlage am größten, hoch füllten sich die Gräben mit Leichen und nicht bloß niedergehauen und an Wunden, sondern im Sturz auch durch die eigenen Geschosse, fanden viele den Tod. Die Sieger v e r m i e d e n Cöln und wagten auf ihrem weiteren Marsche keine weiteren Feindseligkeiten, die Schlacht bei Bonna auch entschuldigend, als hätten sie um Frieden gebeten und als man ihn verweigert, nur auf Selbsthülfe gedacht."

Aus vorstehender Mitteilung des Tacitus ist zur Beurteilung der Bonner Verhältnisse am wichtigsten die Angabe, daß die Bataver bis in die Nähe von Bonn gekommen, einen Boten v o r a u s s c h i c k t e n, der um freien Durchgang bat. Sie wußten a l s o, daß sie an dem Lager vorbei mußten und daß es nicht möglich war. an der Ahr und bei Mehlem, über Meckenheim, oder bei Godesberg über Villip, oder an dem Lager selbst, bei Endenich vorbei zu marschieren. Alle diese Umgehungen des Lagers waren nämlich durch W e g e - s p e r r e n unmöglich gemacht. An der Ahr durch die Landskron, die Saffenburg und Altenahr, bei Mehlem durch Burg Adendorf und Münchhausen, bei Godesberg durch Gudenau und dem Turm auf dem Godesberg. Sie kannten als alte Soldaten das Land und wußten also, daß das Lager in Bonn n i c h t z u u m - g e h e n w a r. Daß dort Burgen von den Römern erbaut, geht unzweideutig aus der Vermessung hervor. Auf alle sind Straßen gerichtet *).

Sehr interessant sind in dieser Beziehung die Wegesperren an der Ahr. Das Castrum Remagen, dort gelegen, wo die Landstraße zwischen Gebirge und Rhein eingeengt ist, liegt so nahe an dem Gebirge, daß man in das Lager hineinsehen kann, w a s g a n z u n - v o r s c h r i f t s m ä ß i g w a r, denn Hygin, de mun. cast. 37.16 sagt: „Ne mons castris immineat per quem ne pervenire hostes aut prospicere possint, quid in castris agatur." Aber der Wille eine W e g e s p e r r e hier an-

zulegen, setzte sich über diese Bedenken hinweg. Mit dem Castrum in Remagen ist ein anderes in Linz vermessen, welches ungefähr dort lag, wo jetzt das Rathaus liegt. Es sperrte die an ihm vorbeigehende Landstraße, die bergaufwärts führt. Ferner ist hiermit der Alt-Rennenberg, ein spitzer isolierter Basaltkegel, vermessen, der die, auf ihn gerichtete, schnurgerader Straße nach Asbach übersieht, und schließlich die Landskron, an deren Fuß die Landstraße ebenso dicht vorbeigeführt ist, wie am Godesberg, wo auf der gegenüberliegenden Seite der Godesberger Bach und hier die Ahr sich befindet. Taf. V.

Nahe bei Bonn besteht an der Straße nach Röttgen wieder eine Wegesperre. Man sieht dort nördlich vom Wege in einer Kiesgrube eine Aschenschicht und darüber römische Dachziegel in langer Lagerung in der anstehenden Erdwand. Daß hier keine Villa war, geht aus dem versumpften Gelände hervor, welches die Trümmer nach Süden umgibt, und der Bach, der hier zu dem Endenicher Bach hinunterfließt, bildet die Deckung eines Fußpfades, der über den Endenicher Bach nach Ippendorf und von dort in gerader Linie zum L a g e r auf dem Venusberg führt *).

Vergleiche auf Karte Fig. 3, den Weg vom Castell Venusberg nach p p. und von dort über Ippendorf zur Kiesgrube, die mit „R ö - m i s c h e T r ü m m e r" bezeichnet ist. Für den, der sich auf der Landstraße Endenich-Röttgen befindet, besteht keine Möglichkeit von der Straße seitwärts abzubiegen, denn einerseits hindert daran nach Norden der Sumpf und der feste Punkt, der hochliegend die Straße beherrscht und auf einem Höhenrücken liegt, der im rechten Winkel zur Straße steht, nach Süden der Bach und der jetzigen Fischzuchtanstalt, dessen Ueberschreiten nur mit großer Schwierigkeit möglich ist.

Untersuchen wir nun etwas eingehender die Darstellung des Tacitus von der Ueberwindung des Lagers. Er spricht von dreitausend Legionssoldaten. Hierfür war die Abmessung des Lagers zu klein, die Mehrzahl von ihnen wird deshalb wohl im Venusberglager gelegen haben, denn spricht er „von in Eile zusammengebrachten b e l g i s c h e n Kohorten", wo lagen diese? Vielleicht in dem nahe gelegenen Billig (Belgica) bei Euskirchen? Ferner von Landvolk und Marketendern. Das Landvolk, welches anscheinend so bereitwillig wie die Marketender das Lager verteidigte, war wahrscheinlich auf dem pomoerium, dem Glacis des Lagers beschäftigt, welches zum Teil unter Kultur stand und

---

*) Die Saffenburg ist durch einen Teil der Straße von Rheinbach nach Todenfeld vermessen.

*) Fast 2000 Jahre lang besteht für diesen fast verkehrslosen Waldweg eine Brücke.

meistens den dreifachen Flächenraum des Lagers besaß Auf ihm befanden sich auch die Z e l t e der Marketender, die bei Gefahr sich in das Lager retteten und wie man sieht, es hier auch verteidigten. Allerdings mit einem negativen Erfolge. Wenn nun berichtet wird, die Gräben hätten sich mit Leichen gefüllt, so wird das wohl übertrieben gewesen sein, oder die Gräben waren sehr klein, aber das Lager war nun einmal, wenn auch nicht eingenommen. so doch besiegt worden, und da war die notwendige Folge, daß wegen des Aberglaubens der Soldaten dasselbe neu gegründet werden m u ß t e.

Dieses scheint sofort geschehen zu sein, denn Tacitus berichtet im 5. Buch der Historien, Kapitel 22, daß Cerealis im Jahre 70 nach Bonn kam, um das neue Lager zu besichtigen. Ein Lager, · dessen Abmessungen zu den größten gehören, die man kennt.

Dieses neue Lager ist das, wovon wir den durch Ausgrabungen festgelegten Grundriß besitzen. Vergl. Taf. I.

Auf den ersten Anblick sieht man schon, daß die Anlage des Lagers und die der Stadt aus einem Guß sind. bei genauem Zusehen bemerkt man jedoch. daß die Achse des Lagers etwas schräg zu der Achse der Stadt liegt, also nicht parallel mit der Josephstraße, während die Dötschstraße die Fortsetzung der Linie der östlichen Lagermauer bildete.

Wenn vorher so ausgiebig die Anlage der Kolonien erläutert worden ist, so sehen wir hier wieder dieselben Grundsätze angewandt, denn das Schrägstehen des Lagers zur Achse der Stadt bedeutet, daß das Lager andere Rechtsverhältnisse, also daß Bonn, das Jus italicum n i c h t besaß. Taf. I, II u. III.

Cöln besaß es dagegen, da die Hochstraße nicht allein die Achse der Stadt, sondern auch die der Befestigungen darstellt. Wenn nun die Dötschstraße in der Achse des Lagers liegt, so will damit gesagt sein, daß Lager und Stadt zu gleicher Zeit angelegt worden sind. Wer die Sprache der römischen Geometer und deren Genauigkeit kennt, wird keinen Zweifel hieran hegen.

Mißt man nämlich die einzelnen Dreiecke nach, so ergeben sich diese Tatsachen i n z w i n g e n d e r W e i s e, so daß man dieselben nicht übersehen kann und darf, wenn man die Vermessung richtig wiedergeben und verstehen will.

Es sei hier sofort gesagt, d i e r ö m i s c h e V e r m e s s u n g d e r S t a d t B o n n i s t g a n z e i n z i g d a s t e h e n d, s i e s t e l l t e i n M e i s t e r w e r k d e r G e o m e t r i e d a r, welches sich den Bedürfnissen des Verkehrs enge anschließt, und das ist der Grund, weshalb sie bis zum heutigen Tage erhalten ist. während andere Städte dieselbe n i c h t mehr besitzen. Letzteres ist fast immer bei so schachbrettartig angelegten der Fall, wie z. B. bei Trier, von dessen Plan kaum noch etwas vorhanden ist, und wo Häuserquadrate der ursprünglichen Anlage in der Diagonale durchschnitten sind. Wie ein Wildbach hat der Verkehr hier gehaust und sich eine Bahn von der Porta nigra zur Moselbrücke gebrochen, nur dort, wo die Constantinischen Bauten, Basilika und Kaiserpalast stehen. ist die alte Einteilung erhalten geblieben.

DER BONNER GEOMETER

Es ist sehr interessant den Bonner Geometer, wahrscheinlich ein Grieche. bei seiner Arbeit zu verfolgen. Die Cölner Landstraße bestand und war und ist noch, wie schon gesagt wurde, auf das Brüdergassenörtchen gerichtet. sie geht dann weiter an der Ostseite des Marktes vorbei zur Coblenzerstraße. Von dieser Trace ist noch die Linie des Hotel zum Stern, Rathausapotheke und „Höttche" erhalten geblieben, sie bildete die Diagonale eines Rechteckes von 1,6 : 1,1 Quintarius. Der Geometer verkürzte dieses Rechteck, indem er im Norden und im Süden je 0,25 Q. abtrennte, so daß ein Quadrat von 1,1 : 1,1 entstand. Fig. 2 u. 3, Taf. IV.

Dieses Quadrat lag parallel zum Rheinstrom und stellte den Umfang des von ihm geplanten „G r o ß b o n n" dar, zu welchem die Stadt aber in den dazwischen liegenden fast 2000 Jahren noch immer nicht gelangt ist. Eine der Ecken wird durch den Stumpfen Turm, die andere durch die Spitze des Kreuzberges am Mordkapellenweg gebildet, im Norden geht die Stadt bis fast an die Ecke des neuen Friedhofes und östlich bis vor Geislar. Vier Haupttore sind nach der Vorschrift Hygins geplant, der sagt, daß in einigen Städten, nach der Art der Lager, vier Tore bestehen, durch welche die breitesten Straßen eingeführt werden, was die schönste Art einer Stadtanlage darstelle, weil dadurch die Umwohner von allen Seiten in gleicher Entfernung zum Markt gelangen. Der Markt, bzw. sein Vermessungspunkt, das Brüdergassenörtchen, Br, liegt nun tatsächlich in der Mitte dieses „Großbonn", und die vier Straßen, die tatsächlich in der Mitte jeder Quadratseite auf den Markt zu führen, sind die Landstraße nach Siegburg, der Kessenicher Bendenweg, der Mittelpfad hinter dem Castrum und der alte Heerweg.

Bis zum Jahre 1915 stand auch noch ein Stein dieser Vermessung an der Ecke des Dransdorffer Weges und der Bornheimerstraße, welcher die Cölner Landstraße und die Bornheimerstraße, auf welche der alte Heerweg mündet, mit dem Markt, bzw. dem Brüdergassenörtchen vermaß. Er ist nun verschwunden, da der Stein, den er darstellen soll und der in den Strauchanlagen des israelitischen Friedhofes steht, ein anderer ist. Er war eine Rotsandsteinsäule von ungefähr ein Meter Höhe und 30 Zentimeter Stärke und entsprach in seiner kurzen Form den Abbildungen römischer Vermessungssteine in den Büchern der römischen Geometer [15]).

Aber dieser Traum von einem „Großbonn" ist, wie schon gesagt, bis heute nicht in Erfüllung gegangen. Der Grund lag an militärischen Erwägungen. Die Strecke Cöln—Mainz von 178 Kilometer Länge war in acht Teile von je 10 Leuken = 1 Tagesmarsch = 22,2 Kilometer geteilt. Jedoch sowohl Andernach wie Remagen konnten wegen des Gebirges nicht mehr nach Norden gelegt werden, wie es bei gleichmäßiger Einteilung nötig gewesen wäre, beide liegen deshalb etwas weiter, Remagen statt 44,4 Km. 48,1 und Andernach 68,5 statt 66,6 und deshalb das Bonner Lager 24,5 Km. von Cöln statt 22,2. Dadurch kam das Lager nicht an den Talweg des Flusses, ebenso wie die ganze Stadt und deshalb war der Bonner Hafen am äußersten Südende angebracht und die erste Fährgasse außerhalb der Stadt an der Coblenzer Straße. Fig. 9 u. 10.

Auf dem Stadtplan, Taf. II, sieht man, wie zu römischer Zeit die Hundsgasse bis zur ersten Fährgasse durchgeführt war, auf dem von Merian, wie zwischen den Weinbergen sich noch diese Verlängerung der Hundsgasse erhalten hat, auch sind auf dem in den Bonner Jahrbüchern veröffentlichten Uebersichtplan der Ueberreste römischer Bauten eine Anzahl großer Ruinen eingezeichnet, von denen Herr Stadt-Baurat R. Schultze sagt: „Auffallend erschien, daß die Richtung der im Gang begrenzenden Mauern nicht gleichlaufend mit der Straßenachse des Belderberges und der die Fortsetzung bildenden Coblenzerstraße lag, sondern im spitzen Winkel mit jener Linie verlief." Dann S. 97: „Bemerkt sei auch hier, daß alle diese Bauten nicht gleichlaufend mit der Straßenachse der Coblenzerstraße, sondern einen spitzen Winkel mit der-

selben bildend sind." Und dann heißt es Seite 100 von den in der Nähe der ersten Fährgasse liegenden Bauten: „Bemerkenswert ist wiederum, daß die Fluchtlinie aller dieser Bauten nicht gleichlaufend mit derjenigen Richtung ist, welche die Coblenzerstraße etwas weiter oberhalb von der Vinea domini an annimmt, sondern in einem nach dem Markt zu hinweisenden spitzen Winkel zu obiger Richtung verläuft. Diese Richtungslinie muß für einen großen bebauten Bezirk bestimmend gewesen sein, da sie sich schon bei den Mauern auf dem Grundstück des Oberbergamtes erkennen ließ. Es ist verständlich, daß die gleichlaufenden Linien einer so ausgedehnten Ansiedlung nicht willkürlich gewählt sind, sondern die Entstehung in der Regel der Richtung einer vorbeiführenden Hauptstraße verdanken, welcher sie gefolgt sind. Daher ist es neben den anderen vorher angeführten Gründen auch aus den Richtungen dieser Hauslinien sehr wahrscheinlich, daß die einzig in dieser Gegend in Betracht kommende Haupttheerstraße von Coblenz von der Gegend der ersten Fährgasse an eine nach Westen auf den Markt zu ausbiegende Richtung angenommen hatte."

Die Vermessung bestätigt die Richtigkeit dieser Vermutungen. Die Linie der Straße, welche bestimmend für die Bauachse dieser Gebäude einwirkte, war die Hundsgasse, wie sie auf der Tafel der Vermessung der Stadt eingezeichnet ist. Beim Punkt OS macht sie eine leichte Biegung nach der Coblenzer Straße hin, um sich dann mehr nach dem Rhein hinzuwenden, wie die Anbauten zeigen. Und diese Biegung gibt auch den Stich von Merian zu einer Zeit wieder, als die römischen Gebäude längst verschwunden waren!

Der Grund dieser Richtungsänderung der Hundsgasse, welche der Belderberg angibt, lag an erster Stelle an dem Bau des kurfürstlichen Schlosses und seinem Tor, welchem man eine Straße im rechten Winkel dazu einführen wollte. Westlich vom Tor lagen die Kurfürstlichen Ställe, so daß der ganze Belderberg als eine Straße aus der Zeit des Schloßbaues betrachtet werden darf, denn auch auf dem Stich von Merian sieht man wie die Hundsgasse schräg auf die Stadtmauer hin läuft und jenseits derselben ihre Fortsetzung in dem vorher beschriebenen Wege findet, der zur Fährgasse hinunterzieht. Letzterer war zu römischer Zeit nicht so tief eingeschnitten wie jetzt, da ihre hohe Mauer nach Norden ein Teil der späteren Bonner Festungsmauer darstellt. Daß eine Stadt am Rhein, die nicht am Talweg des Flusses liegt, im Laufe der Zeiten nicht vorwärts kommt, ist zu verstehen, besonders da, nachdem sie von Conrad von Hochstaden

15) Fig. 84. Corp. Agr. rom. Thulin. Fasc. I. Leipzig, Teubner.

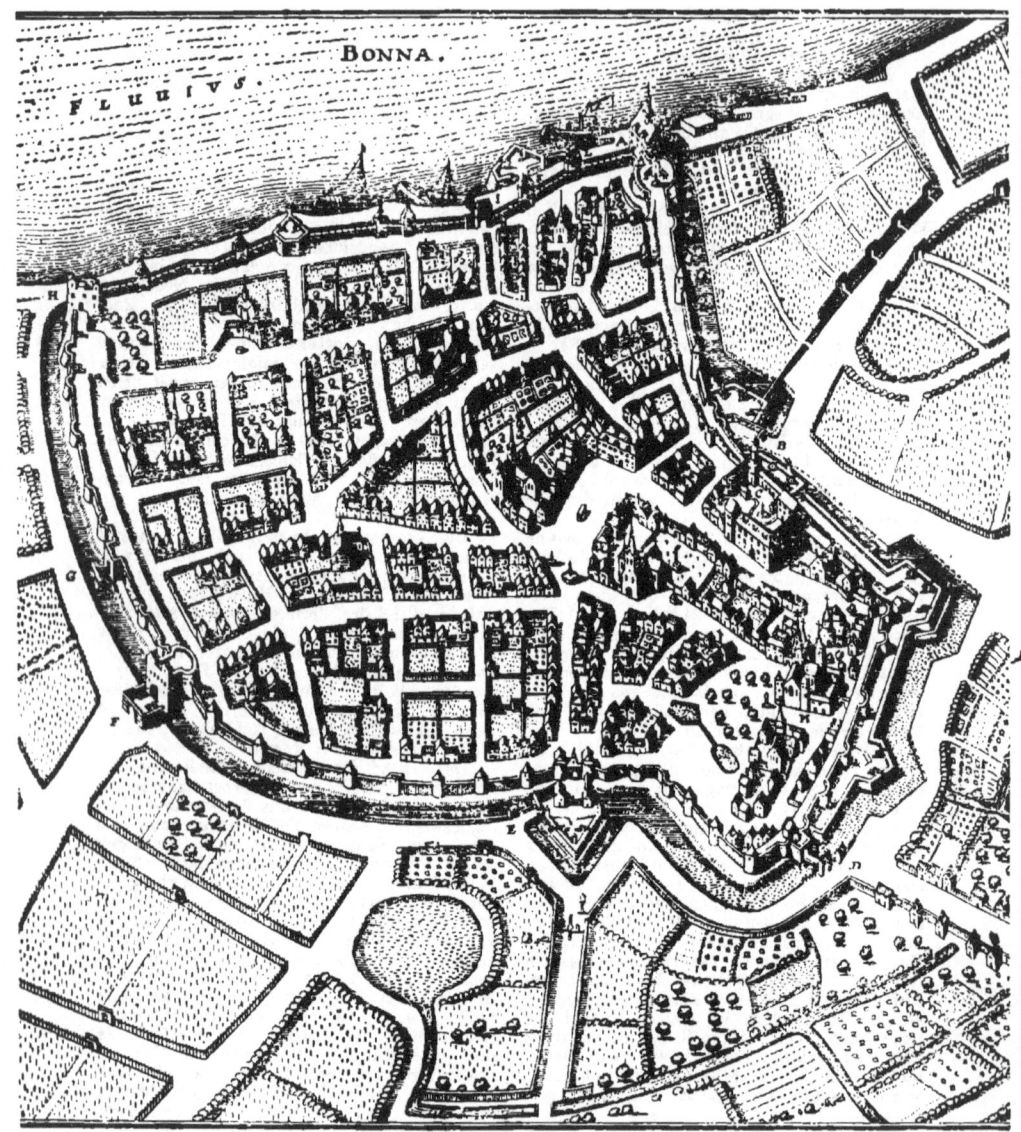

Figur 9. Plan von Merian 1648.

befestigt worden war, ihre Fährgasse außerhalb ihrer Mauern lag. Und jetzt noch sieht man abends die Dampfer nebst ihren Schleppkähnen oberhalb der Stadt vor Anker gehen, dort befand sich auch, oberhalb der Moselschen Schneidemühle eine kleine römische Ansiedelung, in der vor ungefähr 40 Jahren ein römischer Töpferofen gefunden wurde. Fig. 10.

verdiente Soldaten auch die an der Mordkapelle unter Diocletion getöteten Soldaten, darunter zwei Centurionen, Cassius und Florentius beisetzen, infolgedessen sich später die Münsterkirche mit ihrem mächtigen Turm darüber erhob, der ziemlich genau über diesen Gräbern steht, die jetzt noch die Vermessungslinie mit dem Brüdergassenörtchen angeben.

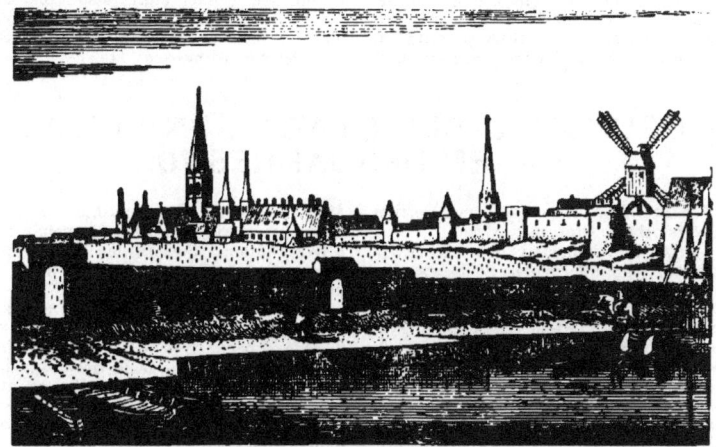

Figur 10. Erste Fährgasse im Mittelalter.

Und deshalb konnte Bonn keine große Handelsstadt werden, wie der griechische Stadtbaumeister es sich gedacht hatte.

Daß er so dachte, beweist die Anlage eines Forums von 300 : 300 Meter (die Größe geht aus der Hypotenuse von 0.06 : 0,0,6 Quintarien hervor), in dessen Mitte sich ein „Monumentum militare" erhob, eine Ehrensäule, wie sie vom Kaiser Tiberius angeordnet war [16]), an deren Fuß Gräber von verdienten Soldaten angelegt wurden, daß dieses auch in Vorstädten geschah, geht aus einer Mitteilung von Mago und Vegoia hervor [17]). Der Grund lag darin, daß hier auf der Mitte des Platzes ein hervorragender Vermessungspunkt angelegt war, den man durch diese Gräber, die bei den Römern unverletzlich waren, unzerstörbar machen wollte. Taf. II u. Fig. 11.

Ein Zweck, der ungemein gut erreicht worden ist, denn später ließ der Legende nach die heilige Helena auf diesem Ehrenfriedhof für

Figur 11.

Die Thebäergräber unter der Krypta der Münsterkirche. Zwei davon sind römisch. Neben der Treppe befindet sich an der Wand eine Inschrift, die mitteilt, daß Canonicus Ehelen die vier Sarkophage mit marmornen Deckeln versehen ließ. Die Sarkophage liegen schräg zur Achse der Kirche, fast in der der Remigiusstraße, der Achse des Forums.

16) Gr. vet. De sepulchris 271.
17) Gr. vet. 349. In dictis locis suburbanis ... multorum militum veteranorum sepulturae inveniuntur.

welche auf der Westseite der Remigiusstraße liegend den Stein trifft, der dort stand, wo jetzt sich das Haus von Speyer befindet, welches deshalb über das Brüdergassenörtchen etwas vorsteht.

Die Entfernung der beiden Punkte voneinander ist wieder 300 Meter, da auch sie aus der vorhergenannten Größe hervorgeht.

Aber diese Linie ist nicht die wichtigste, welche diese Gräber angeben, denn mit der G r o m a des neuen, von Cerealis gegründeten Lagers, welche sich am jetzigen Schnittpunkt der Römer- und Nordstraße befand (an der Tür des Praetoriums [18]), bezeichnen sie den M e r i d i a n der Stadt Bonn, von dem ihre Vermessung ausgeht. Im Winkel von 45 Grad liegt der Stumpfe Turm dazu, i n d e r E n t f e r n u n g v o n g e n a u 1 Q u i n t a r i u s.

Um ganz exakt zu sein, will der Verfasser hinzufügen, daß dieser Bonner Meridian parallel mit dem Cölner läuft, also eine minimale Abweichung besitzt, da die ganze Gegend hier im Anschluß an den M e r i d i a n C ö l n— N ü r b u r g vermessen ist.

DIE GRÜNDUNG DER STADT BONN UND DAS LAGER DES JAHRES 70

Von der Gründung einer Stadt im Altertum sagt der verstorbene Professor Nissen:

„Die antike Stadt entstand nicht gleich der modernen und mittelalterlichen im langsamen Verlauf der Zeiten, von einzelnen Häusern zum Dorf, vom Dorf zur Stadt anwachsend. Sie wird auf einmal geschaffen durch einen einzigen politisch-religiösen Akt. Sie weiß stets ihren Gründer zu nennen, dessen Verehrung fortan im Kultus des Gemeinwesens eine der wichtigsten Stellen einnimmt." Templum S. 55.

Wenn nun allerdings der römische Feldherr Cerealis der Gründer des neuen Bonna war, so wird man jedoch statt seiner den Kaiser Vespasian annehmen müssen, in dessen Auftrag dieses geschah. Es wurde schon vorher gesagt, daß Castrum und Stadtplan aus einem Guß sind und daran hat auch die mittelalterliche Befestigung Conrad von Hochstadens nichts geändert. Sogar das Pomoerium, das Glacis ist erhalten geblieben, denn die Hochstadensche Stadt geht nicht bis zur Mauer des Castrums, sondern nur bis zur Grenze des Glacis am Punkt N, welches dieselbe Breite wie die Hälfte des Lagers aufweist. Seit römischer Zeit war also das Glacis des Lagers noch immer nicht bebaut worden, es lag unbebaut da, wie zur Zeit, als es im Jahre 70 vom Geometer abgesteckt worden war. Wäre es nach dem Abzug der Römer nämlich bebaut worden, so hätte Conrad von Hochstaden es in seine Mauer eingezogen. Wir sehen wie das Glacis von der Cölner Landstraße, von der Meckenheimer, von der Heerstraße durchschnitten wird. Straßen gingen also hindurch, aber sie waren begrenzt und der Boden außerhalb der Straßen wurde unter anderem auch landwirtschaftlich für die Besatzung des Castrums ausgenutzt. Daher stammt das Landvolk, welches das erste Lager gegen die Bataver verteidigte, dort standen die Zelte der Marketender, die Canabae, die sich in Castra vetera fast wie zu einem Municipium herangebaut hatten. Sie wurden jedoch niedergerissen, damit sie dem Feinde nicht zu gute kämen".

Also ebenso wie in einem modernen Festungsrayon, wo nur Holzbauten errichtet werden dürfen, welche im Kriegsfalle abgerissen werden. Eine feste Bebauung hat also auch zwischen dem Bonner Lager und der Stadt n i e m a l s bestanden, weshalb die römische Stadtplan an derselben Stelle wie der mittelalterliche nach dem Lager hin aufhört.

Unter Canabae sind also niemals f e s t e Bauten zu verstehen, sondern nur Buden und Zelte, wie auf einem Jahrmarkt. Auf den Wiesen des Pomoeriums weideten die Pferde der Besatzung, das Vieh, welches derselben zur Nahrung diente, Schuppen, welche Heu enthielten, überhaupt alles, was im Falle der Gefahr rasch in das Lager gebracht werden konnte. Es werden dort auch Gemüsefelder angelegt gewesen sein, deren Mannigfaltigkeit man in Virgils Moretum nachlesen kann. Das Pomoerium diente in gewissem Sinne zur Entlastung des Lagers, denn wenn eine Legion dort lag, so bedeutete das mit allem Zubehör eine Anzahl von wenigstens 10 000 Menschen, die aber wohl niemals, es sei denn bei einer Belagerung, dort eingepfercht waren. Eine Kaserne im heutigen Sinne stellt es nämlich dar, denn die Soldaten wurden, wenn sie nicht gerade auf einem Feldzuge sich befanden, in nützlicher Weise anderswo beschäftigt. Ein Teil von ihnen arbeitete in den Steinbrüchen des Brohltales, wo man das Bild ihres Schutzgottes, des Herkules saxanus, des Felsen sprengenden Herkules, gefunden hat. Ein anderer Teil war mit Straßenbau beschäf-

---

18) Hygin, De munit. cast. 12.

tigt, da wie Tacitus sagt, die beständige Arbeit das beste Mittel war, um die Disciplin zu befestigen, die bei Untätigkeit sehr schwankend wurde. Und da das Straßennetz von Anfang an festgelegt war, kamen Neuanlagen kaum in Frage, sondern man verbesserte anhaltend die bestehenden *).

Das Militärstrafgesetz war ungemein streng. Die geringsten Strafen bestanden in Prügel, Pfändung und barfuß in der Tunica vom Morgen bis zum Abend in der via principalis vor dem Carcer zu stehen. Wer einen größeren Wertgegenstand gestohlen, wer homosexuelle Unzucht getrieben, auf dem Posten geschlafen, falsches Zeugnis abgelegt, dreimal dasselbe Vergehen begangen hatte, wer vor dem Feinde geflohen war, w u r d e m i t d e m T o d e b e s t r a f t [18a]).

Die Todesstrafe durch das Beil oder durch Spießrutenlaufen wurde vor der Porta decumana vollzogen. In der Mitte des Lagers lag an der via principalis das Praetorium, an dessen Eingang sich, wie schon gesagt, die Groma, der Vermessungspunkt, befand. So lange der Geometer mit dem Vermessen der Stadt beschäftigt war, hing hier die verkleinerte Wiedergabe in Bronze des Vermessungsinstrumentes der Groma, auch Machina genannt, bestehend aus zwei im rechten Winkel zueinanderstehenden Armen, die auf einem Stativ befestigt waren. Man hat diese Symbole, die mehrfach gefunden worden sind, als das eigentliche Vermessungsinstrument betrachtet und dabei die Verwunderung geäußert, wie ein so kleines Instrument bei den Vermessungen gebraucht werden konnte. Die eigentliche Groma hatte dagegen Arme von 20 Fuß Länge, die ein arges Verkehrshindernis gewesen wären, hätte man sie am Praetorium aufgestellt. War die Vermessung beendet, so wurde das Symbol der Groma entfernt. „Machina sublata" heißt der Ausdruck, welcher bezeichnet, daß von jetzt an die Zuweisung von Bauplätzen und Ländereien beginnen konnte. Das Lager bildete eine kleine Stadt für sich, in der es Werkstätten für Handwerker und (fabrica), in welchen Waffen und andere Gegenstände hergestellt wurden, besonders Schuhe und Soldatenstiefel, ein Krankenhaus, welches, wie Hygin sagt, möglichst weit vom Tierlazarett und den Werkstätten angelegt

werden mußte, damit die Kranken möglichst wenig durch Geräusch belästigt wurden. Das Tribunal, wo Recht gesprochen wurde, lag am Praetorium. Von dem Praetorium aus lief die via praetoria bis zum Rhein *), wo sich die Porta praetoria befand, dieser Teil des Lagers hieß Praetentura, er war hier in Bonn und fast immer etwas kleiner, wie der nach Westen liegende Teil, der die Retentura hieß. In der Praetentura lagen die Kavallerie und die Hülfstruppen, in der Retentura die Elite-Infanterie, die Triarier usw. Aber es gab auch Ausnahmen, so z. B. zeigt das kleine Lager von Kapersburg am Limes beide Teile des Lagers von gleicher Größe, ein Beweis, daß verhältnismäßig mehr Kavallerie hier lag wie gewöhnlich. Das Lager wurde dann vergrößert, das Praetorium und mit ihm die Groma blieb jedoch an der gleichen Stelle, so daß das Lager eine unregelmäßige Gestalt erhielt, und daß die Retentura nach dem Schema größer, wie die Praetentura wurde, ein Beweis, daß von da an die Anzahl der Infanteristen überwiegend war. Und wenn das Praetorium und die Groma trotz der dadurch verursachten Deformation des Lagers an derselben Stelle gelassen wurde, so war der Grund, daß die Groma wie immer einen T r i a n g u l a t i o n s p u n k t e r s t e r O r d n u n g darstellte, der leicht in die Karte einzuzeichnen war und den man deshalb nicht gerne verändern mochte.

Trotzdem im Lager auch ein Gefängnis vorhanden war, kannte man keine Gefängnisstrafen, denn der Carcer diente nur der Untersuchungshaft oder zur Aufbewahrung derer, die zur Todesstrafe verurteilt waren. In dem Lager herrschte die strengste Ordnung und Reinlichkeit. Mit dem Ausgang des zweiten Jahrhunderts war auch ein Warmbad vorhanden. Die Tagewässer und die Latrinen waren durch Kanäle, die zu dem Kanal unter der via sagularis geleitet waren, in den Rhein geführt. Ueberall standen Schildwachen, die alle vier Stunden abgelöst wurden, an den Toren wurde jeder, der heraus oder hinein ging, genau kontrolliert. Aus demselben Lager trafen sich die Meckenheimer-, die Heerstraße und die Cölnerstraße an der Ecke des Lagers [19]), ein einziger Posten genügte also hier für die Ueberwachung des Verkehrs.

Der Geometer, welcher im Anschluß an das Lager den Bonner Stadtplan entwarf, war eine ganz eigenartige Persönlichkeit. Es

---

*) Es kommt häufig vor, daß römische Kaiser als Erbauer von Straßen angegeben werden, das bezieht sich aber fast immer nur auf deren Ausbau oder die Pflasterung derselben. So war auch Appius nicht der Erbauer der via Appia, sondern er ließ nur diese Straße von Rom bis Capua mit Pflaster versehen.

18a) Polyb. VI, 37.

*) In einer kürzlich erschienenen Arbeit über das römische Bonn wird gesagt, daß vor der porta praetoria die Getreideschiffe lagen, die dort ausgeladen wurden. Das ist unrichtig, da wegen der Untiefen dort die Schiffe nicht landen können.

19) Vergl. Cassius S. 33 ff.

wurde schon gesagt, wie gut sein Plan den Bedürfnissen des Verkehrs entgegenkommt.

Zuerst das große Forum, welches aus dem Viereck des städtischen Planes vorspringt. Das hatte seinen Grund. Ein solches Forum stand unter Zollverschluß. Es wäre also in-

auch solche, die nicht bei einer Stadt lagen, wie das Forum Livii, jetzt Forli in Italien, Forum Clodii, Bracciano, F. Corneli, Imola, F. Popili Forlimpopoli, es siedelten sich später zuweilen Städte bei solchen Foren an. Dadurch, daß das Forum mit drei Seiten außerhalb der Stadt

Figur 12.

Stich von Hoogenberg aus dem Jahre 1578.

Zwischen den 4 Bäumen auf dem Platz vor dem Münster befindet sich die Viehschwemme angedeutet. Unter denselben ein viereckiger Punkt, der die Stelle des „Steinernen Wölfchens" bezeichnet.

mitten der Stadt ein Verkehrshindernis erster Güte gewesen, deshalb legte er es vor dieselbe. Es war von einer Mauer umgeben, deren Tore Nachts geschlossen wurden, wie jetzt noch die der Bazare im Orient. Dieser Freimärkte, nundinae, gab es viele im römischen Reich,

lag, konnten Waren an demselben eingebracht werden, ohne die Stadt zu berühren und konnten, gleichfalls ohne dieses, das Forum wieder verlassen, wenn sie nicht nach der Stadt verkauft worden waren. Waren sie jedoch für den Verbrauch der Stadt bestimmt, so wurden sie nach der vierten Seite, nach dem Mauspfad, hinausgeführt, wo „Schlacht- und Mahlsteuer", um sich so auszudrücken, bezahlt werden mußte, ehe sie auf den Markt zum Verkauf gelangten. Woher das Wort Mauspfad stammt, wurde schon gesagt. Eine der Straßen, die von außen auf das Forum führte, hat gleichfalls ihren Namen behalten, es ist die Vivatsgasse, eigentlich die Viehfahrtsgasse. Dieser Name geht auch aus ihrer Fortsetzung, der jetzigen Dorotheenstraße hervor, die früher „Saugasse" hieß, und deren Fortsetzung, dem Vichtriftsweg.

Auf dem Stadtplan von Merian 1648 sieht man nun drei Laufbrunnen eingezeichnet, zwei auf dem Markt und einen im Innern des kurfürstlichen Schlosses. Außer diesen Brunnen bemerken wir auf dem Münsterplatz einen großen, durch eine Rinne verbundenen Doppelteich. Man erkennt ganz genau, daß das Gelände, in welchem er sich befindet, nach der Seite des Dreiecks hin ansteigt, denn an dem hier fünfeckigen Teich zeigt sich deutlich der hohe Uferrand, in welchem nach dem Dreieck hin sich ein Einschnitt befindet, durch welchen wahrscheinlich das Vieh zum Wasser hinunter getrieben wurde. S. 24.

Wo kam das Wasser her, welches diese, immerhin umfangreiche Wasseranlage speiste?

Das Regenwasser wird schwerlich genügt haben, da der höchste Punkt unserer Stadt in der Mitte der Acherstraße *) liegt, also nur die Tagewässer der dazwischen liegenden Fläche den Teich speisen konnten.

Diese Wasseranlage war also eine dauernde und so bedeutend, daß Merian und auch Hoogenberg sie einzeichneten. Auf dem Plan des letzteren ist allerdings nur das tiefere eckige Becken vor dem Dreieck zu erblicken. Das Wasser der beiden Teiche kann also nur von einer Wasserleitung herstammen, der Duisdorfer, welche jetzt noch unter dem Münsterplatz im Boden liegt. Fig. 9 u. 12.

Es bedarf nur eines Hinweises, um zu verstehen, wie nützlich es für einen Markt sein muß, besonders für einen solchen, der auch Viehmarkt, wenn wie hier, Wasser auf demselben vorhanden ist. Das ist auch der Grund, weshalb auch der Kleinmarkt, der jetzige Marktplatz, von den Römern mit einem Laufbrunnen versehen wurde, der er jetzt nicht mehr besitzt, da er nicht mehr läuft.

Denn wer anders hat diese Wasserleitung gebaut? Welcher Kurfürst stand so hoch über seinem Zeitalter, daß er seinen Untertanen eine Wasserleitung herstellte, welche

*) Heißt eigentlich: Aachener Straße, da auf der Napoleonischen Karte im Bonner Archiv ihre Fortsetzung außerhalb Bonn so bezeichnet ist.

außer zwei Laufbrunnen auf dem Markt eine Wasseranlage innerhalb der Siftsfreiheit auf dem Münsterplatz und einen Laufbrunnen innerhalb des Schlosses mit Wasser versorgte? In der großen und reichen Stadt Cöln bestand nichts ähnliches, seitdem die römische Wasserleitung dort verfallen war, während der Brunnen hier auf dem Marktplatz eine solche Sehenswürdigkeit für die frühere Zeit war, daß Boethius im 16. Jahrhundert eine Beschreibung von Bonn beginnt: Bonn besitzt einen schönen Brunnen.

Nur der Stadtteil Basilica und der anstoßende Markt wurde von dieser Wasserleitung berührt, die jedenfalls auch noch andere Laufbrunnen in römischer Zeit speiste, man denke nur an die vielen Laufbrunnen in den Straßen von Pompeji.

Ueberdies gab es auf diesem Forum der mittelalterlichen villa Basilica (Basilica heißt nämlich Börse und Gerichtshalle, die sich stets auf dem Forum, wie auch in Trier, befand), fünf öffentliche Ziehbrunnen, die später zu Pumpen umgewandelt wurden, die mit auffallender Gleichmäßigkeit an den fünf ehemaligen Ausgängen des Forums sich befanden:

1. vor dem Mülheimertor, am Hause Sürst 1,
2. am Neutor, dem Haus von Killy und Morkramer gegenüber,
3. an Stockentor, dem Geschäft von Steinmeister gegenüber,
4. am Aachertor, auf dem Dreieck,
5. am Hause von Dix in der Remigiusstraße, dem Eingang der Marktbrücke gegenüber.

Bestanden diese Brunnen schon vor der Anlage dieser Wasserleitung? Man könnte diese Frage bejahen, denn auch das römische Lager in der Nordstadt besaß Brunnen, das dasselbe mit Wasser versorgten, als die Wasserleitung noch nicht vorhanden war.

Nun waren an der Wasserleitung des Stadtteiles Basilica drei Körperschaften beteiligt, 1. der Kurstaat durch den Brunnen im Schloß, 2. das Kassiusstift durch die Weiheranlage und die Versorgung einer Anzahl von Häusern von Stiftsherrn, 3. die Stadt Bonn durch die beiden Brunnen auf dem Markt. Und diese drei sollten sich zusammengetan haben, um eine Wasserleitung zu bauen? Wer mittelalterliche Verhältnisse kennt, wird sofort die Unmöglichkeit dieser Annahme einsehen.

Die Duisdorfer Wasserleitung, welche das Wasser zu dieser Anlage lieferte, heißt allerdings die „Kurfürstliche", aber nur, weil Clemens August sie wieder in Stand setzte und ihre Tonrohre durch Bleirohre ersetzte. Die Quelle war also Eigentum des Kurstaates und gehörte nicht dem Cassiusstift, welches von allen den ausgiebigsten Gebrauch davon machte, so lange, bis daß der Kurfürst auch seine Wasseranlagen im Hofgarten davon speiste, und war sie Staatseigentum, so würde sie also auf den römischen Fiskus zurückzuführen sein.

Im Mittelalter wurde die Mauer, welche das Forum umgab, zur Sicherung der Stiftsfreiheit benützt, sie war keine Festungsmauer, ebensowenig wie diese eine Festung darstellte, denn dagegen spricht der Umstand, daß die vier Tore sich ganz unstrategisch an den E c k e n des viereckigen Platzes befanden.

Was nun das Lager angeht, so besaß es eine besondere Wasserleitung, welche außerhalb desselben stellenweise auf Pfeilern ruhte, deren Trümmer im 16. Jahrhundert noch der Canonicus Jakob Campius beschreibt. Ob dieser Aquaeductus structilis, wie er ihn nennt, bis zum Lager geführt war, erscheint zweifelhaft, da man in dem alten Heerweg das 17 Zentimeter starke Tonrohr dieser Wasserleitung unter der Straße in Beton gebettet aufgefunden hat. Die Zeichnung davon wird im städtischen Geometerbureau aufbewahrt.

Wie systematisch und großzügig der Bonner Stadtplan angelegt ist, tritt am besten auf der Merianschen Abbildung hervor. In der Mitte befindet sich das Dreieck: Wenzelgasse, Brüdergasse, Hundsgasse, um welches sich die Stadtviertel gruppieren; das am Rhein parallel zum Fluß und zum Lager, das nach Westen parallel zur Wenzelgasse. Die Villa Basilica ist beiden vorgelagert und der hierdurch entstehende leere Raum wird durch den Marktplatz ausgefüllt, der dadurch mit Sternstraße und Stockenstraße eine gebogene Linie erhält. Das war noch auffallender, als das Rathaus noch nicht bestand, welches im Mittelalter auf den östlichen Teil des Marktes gebaut wurde. Man sieht jetzt noch, wie die Stockenstraße die Fluchtlinie des Marktes, am Stern, weiterführt.

Und so strahlen von diesem Marktplatz und seiner Verlängerung durch Stocken- und Sternstraße sechs Straßen aus, die Konvikt-, Rathaus-, Brüder-, Wenzel- und Bonngasse, dann die Jakobstraße, deren Durchführung bis zum Markt im Mittelalter zugebaut worden ist und als siebente die Kasernenstraße.

Markt, Sternstraße, Kasernenstraße, Maargasse, Wenzelgasse bilden ein Rechteck von 0,06 : 0,09 Quintarien, das Spiegelbild von: Sandkaule, Josephstraße, Theaterstraße und Rheinwerft, von derselben Größe. Schematischer kann man wohl nicht sein. (Taf. II.)

Es wurde vorher gesagt, daß der Geometer, der den Bonner Stadtplan entwarf, eine ganz eigenartige Persönlichkeit gewesen sei, das äußerte er besonders dadurch, daß er diesen Plan aus f ü n f s o g e n a n n t e n p y t h a g o r ä i s c h e n D r e i e c k e n z u s a m m e n - s t e l l t e. Wahrscheinlich wollte er seine Individualität dadurch kennzeichnen, da diese Dreiecke auch in der Umgebung von Bonn wiederkehren und seine Arbeit kennzeichnen. Es lag gar keine Notwendigkeit hierfür vor, denn man konnte die fünf pythagoräischen recht gut durch andere ersetzen. So liegt z. B. die Hundsgasse an der Doetschstraße mit einem Dr. von 0,07 : 0,24 : 0,25. Man könnte an seiner Stelle ein von 0,03 : 0,1 benutzen, allerdings würde ein geringer Unterschied der Winkel und der Längen entstehen, nämlich 0,24 : 0,252 : 0,72, aber dieses Dreieck ist nicht pythagoräisch. An der Hundsgasse liegt ein zweites, welches diese mit der Bonngasse verbindet, ein von 0,08 : 0,15 : 0,17. Die Rathausgasse wird mit den Gräbern unter der Münsterkirche durch das Dreieck von 0,05 : 0,12 : 0,13 vermessen, dann die Cölner Chaussee mit der Nordstraße durch das von 0,09 : 0,12 : 0,15, worauf dann das Lager schräg zur Achse der Stadt, durch das sonderbare Dreieck von 0,2 : 0,21 : 0,29, gelegt wird. Taf. II u. III.

DAS DREIECK VON 20 : 21 : 29

Man darf wohl sagen, das s o n d e r b a r e, da es stets bei wichtigen Gelegenheiten wiederkehrt. An und für sich benutzt die Vermessung womöglich nur einstellige Zahlen, die leicht erkennbar und teilbar sind. Auch wäre 17 : 19 oder 19 : 23 vollständig ausgeschlossen, weil 17, 19 und 23 Primzahlen sind. Gegen 20 : 21 würde man sehr mißtrauisch sein, wird jedoch sofort beruhigt, wenn man sieht, daß es sich um ein pythagoräisches Dreieck handelt. Allein dasselbe ist bei den Vermessungen n i c h t leicht erkennbar. Hat man seine Bekanntschaft noch n i c h t gemacht, so glaubt

man stets mit dem gleichschenkeligen von 20 : 20 : 28 zu tun zu haben und stößt dann immer auf Ungenauigkeiten. Der Grund der h ä u f i g e n Anwendung dieses Dreiecks wird wohl darin liegen, daß die Erdvermessung eine Geheimlehre der Pythagoräer darstellte, verboten war, über ihre Lehren schriftliche Aufzeichnungen zu machen, wahrscheinlich aus finanziellen Rücksichten, indem sie von der Ausübung der höheren Meßkunst lebten. Ueber die Katastervermessung gibt es die ausgiebigen Bücher der römischen Geometer, in welchen jedoch die Erdvermessung nicht berührt wird. Nicht einmal der Quintarius, die Maßeinheit, wird in denselben als Maß angegeben, es wird nur gesagt, daß die Centurie (= $^1/_5$ Quintarius) 2400 Fuß darstellt, also = 480 passus und 5×480 passus = 2400 Meilen, was gleich 1 Quintarius ist. Man erhält nur auf diese Weise von ihm als Maßeinheit Kenntnis, da an anderer Stelle gesagt wird, daß der fünfte Weg des Notwegnetzes Quintarius heiße.

Das Dreieck von 20 : 21 ist also sehr i r r e - f ü h r e n d und ohne seine Kenntnis ist es u n m ö g l i c h , die Vermessungen zu entziffern.

Der Hauptschriftsteller der römischen Geometer ist Hygin, der auch das Werk „De munitione castrorum" verfaßt hat, in welchem jedoch alles mit passus vermessen wird, wie bei allen militärischen Anlagen. Er betätigte sich aber auch als Geodät an der großen Erdvermessung, da er unter Trajan die siebenbürgischen Alpen vermaß [20]), während er in seinem Buch: „De Limitibus constituendis" die Katastervermessung behandelte.

Einen großen Raum nimmt hierbei die Feststellung des Meridians nach der Sonne ein, wobei er in poetischer Weise die Größe des Weltalls beschreibt, daß die Erde nur einen Punkt am Himmel unter der Sonne darstelle und wie viele solcher Sandkörnchen das Weltall fassen könne. Er beschreibt dann die Abstände der einzelnen Planeten voneinander, die von denselben Verhältnissen seien, wie die sieben Töne der Musik. „Nam et ars musica per haec diastemata constare fertur [21]). Das ist nichts anderes, wie die p y t h a g o r ä i s c h e Sphärenharmonie. Hygin war also Pythagoräer und deshalb schwieg er sich über die Erdvermessung aus und gab nur ein Lehrbuch der Katastervermessung für Geometer und der Lagervermessung für Centurionen heraus.

Jede Vermessung muß, wie gesagt, durch irgend ein Dreieck mit den Himmelsrichtungen verbunden sein, und so liegt die Vermessung der Stadt Rom mit dem sonderbaren Dreieck von 2 : 2,1 : 2,9 an der Via Appia, wodurch die Ostwestlinie hergestellt wird. Der wichtigste Vermessungspunkt in Cöln, in der Römergasse, der den Meridian der Nürburg angibt, wird auch durch genanntes Dreieck festgelegt, da die Straßen Bonn—Cöln und Cöln—Zülpich auf den Punkt hin gerichtet sind und dieses Dreieck bilden. Die Bonner Straße gibt die Kathete 21 an, die Cöln—Zülpicher die Hypotenuse 2,9.

Die rätselhaften „Sieben Wege" bei Euskirchen vermessen mit ihm die Straße Cöln—Zülpich, vergl. Taf. VIII, S W, P, V und S W, II, V.

Diese Vermessung ist von dem B o n n e r Geometer hergestellt, da sie zum Stumpfen Turm gehört, der erst im Jahre 70 von ihm gleichzeitig mit der Stadtanlage erbaut wurde; auch hier zeigt sich seine Vorliebe für pythagoräische Dreiecke, denn die „Sieben Wege", S W, sind mit dem Stumpfen Turm durch ein Dreieck von 2,1 : 7,2 : 7,5 (= 7 : 24 : 25) vermessen, dann der Stumpfe Turm mit dem „Eisernen Mann", M, durch ein Dreieck von 2,1 : 2,8 : 3,5 (3 : 4 : 5) und hierauf der Stumpfe Turm mit der Asbacher Landstraße hinter dem Siebengebirge, die auf den Rennenberg gerichtet ist, durch ein Dreieck von 3 : 4 : 5, S T, E, K.

Der Bonner Geometer hat bei dieser Vermessung also fünfmal ein pythagoräisches Dreieck verwandt, so daß man wohl von einem „Geometer der fünf pythagoräischen Dreiecke" sprechen kann, der im Jahre 70 den Plan der Stadt Bonn zeichnete, da bei keiner anderen Vermessung dieses vorkommt.

DIE 5 PYTHAGORÄISCHEN DREIECKE

Der Wunsch des Menschen, sein Andenken nach seinem Tode zu verewigen, ist alt, wie die Menschheit selbst. Von den ägyptischen Königen zeugen noch die Pyramiden, von den römischen Kaisern noch das Denkmal des Hadrian, die jetzige Engelsburg, das des Augustus und andere. Jedoch auch kleine Leute haben diesen Ehrgeiz besessen, aber er ist nur selten verwirklicht worden, am meisten noch für die, deren Grabsteine einen Platz in unseren Museen erhalten haben.

Horaz hat Recht behalten, wenn er sagte „non omnis moriar" und „Exegi monumentum aere perennius", ebenso wie Heine, wenn er von seinen „unsterblichen Liedern" spricht. Es gab jedoch Berufe, bei welchen die Sicherung der Unsterblichkeit schwieriger erschien. Von den großen mittelalterlichen Baumeistern der romanischen Epoche kennen wir nur wenige, ihre Bauwerke reden noch zur Nachwelt, aber die Namen ihrer Erbauer sind verschollen. Und doch gab es solche, denen es gelungen ist, ihre Individualität so festzulegen, daß sie auch bei allen ihren Werken erkennbar bleibt. So hat der Verfasser bei dem Kreuz-

---

20) Niebuhr, 2. Sammlung kleiner hist. u. phil. Schriften 1843, S. 81.

21) Grom. vet. Lach. 185, 14.

gang der Münsterkirche d r e i Baumeister nachgewiesen, deren Tätigkeit auch in anderen Kirchen, jedesmal durch ein besonderes Motiv gekennzeichnet ist [22]). Der erste verziert jede Ecke durch eine eingemeißelte Säule, der zweite verdickt den Scheitel der Gurtbögen, der dritte setzt auf jedes Kapitell eine vorstehende Konsole, überall kehren die drei Kennzeichen wieder, in der Kirche zu Schwarz-Rheindorf, in Laach, in Altenahr, an der Apostelkirche in Cöln usw.

Aber wie kann ein Geometer seine Tätigkeit und damit seine Person verewigen?

Der Geometer des Jahres 70 gibt die Antwort darauf: Durch die häufige Anwendung der pythagoräischen Dreiecke. Technisch besitzen dieselben keinen Vorzug vor den übrigen. Das von 3 : 4 : 5 ist allerdings leicht zu behalten und ungemein bequem, wenn man einen rechten Winkel konstruieren will und dient seit tausenden von Jahren dazu, auch bei den „Harpedonapten", den Seilknüpfern, welche in Aegypten nach der Nilüberschwemmung die Grundstücke mittels eines Seiles von 12 Einheiten, in welchem zwei Knoten sich befanden, der erste bei drei, der folgende vier Einheiten weiter, mit einer unglaublichen Schnelligkeit ausmaßen. Aber die anderen, das von 8 : 15 : 17, von 7 : 24 : 25, von 5 : 12 : 13, von 20 : 21 : 29, besitzen nur den einzigen Vorzug, daß sie „pythagoräische" sind, andere nicht pythagoräische, sind praktisch viel besser verwendbar, wie das von 4 : 5 : 6,4, als die unendliche Zahl pythagoräischer, die man bilden, ihrer Verhältnisse wegen jedoch kaum verwenden kann.

Die Anwendung der vorher genannten fünf pythagoräischen Dreiecke durch den Bonner Geometer kann also n u r in der ausgesprochenen Absicht, seine Persönlichkeit zu verewigen, erfolgt sein.

Nun wohl! Er hat seinen Zweck erreicht, ebenso wie die drei Baumeister des Bonner Kreuzganges. Aber ein zweiter Zweck mag dabei gleichfalls maßgebend gewesen sein, die leichte Erkennbarkeit seiner Dreiecke, denn diese erleichtert tatsächlich die Auffindung der Bonner Vermessung, aber ihre Anwendung war weder Regel noch Vorschrift, weshalb man dieselben n u r bei dem Bonner Geometer findet. Aber er scheint überhaupt ein hervorragender Mann gewesen zu sein, denn von ihm dürfte auch die Sanierung der Stadt durch die Austrocknung des Sumpfbeckens der Gumme herrühren. Er fing die Tagewässer des Venusberges, Kreuzberges und Kottenforstes auf und leitete dieselben in den Poppelsdorfer und Endenicher Bach, welche in ein großes Bassin geführt wurden, das jetzt noch hinter dem Maxstraße-Privatweg zu erblicken ist (die herumführende Straße heißt deshalb Weiherstraße), welches auf der Zeichnung von Merian deutlich eingezeichnet steht. Dieser Bach erhielt von dem früheren Sumpfbecken den Namen „die Gumme", wie schon gesagt wurde, ein Name, der in mittelalterlichen Urkunden in Verbindung mit dem Cassiusstift, welches daran lag, häufig erwähnt wird. Dieser Weiher scheint einen Abfluß nach dem Rhein hin besessen zu haben, der im Mittelalter dazu diente, den Stadtgraben zu füllen, der dann seinen Ueberschuß an den Rhein weiter gab.

DAS CASTELL POPPELSDORF

Man sieht nämlich auf der Zeichnung von Merian, wie der Graben bis hinter E mit Wasser angefüllt ist, worauf vom Sterntor bis zum Schloß eine trockene Stelle folgt, dann ist der Graben bis zum Rhein wieder gefüllt und zwar durch den Godesberger Bach. Durch die Austrocknung der Gumme war eine Umgehung des Lagers möglich geworden, um diese zu verhindern, legte der Geometer die W a s s e r b u r g d e s P o p p e l s d o r f e r S c h l o s s e s an, dessen Gräben durch den Poppelsdorfer Bach gespeist wurden. Noch im Mittelalter stand an der Stelle dieser römischen Wasserburg eine romanische, welche ungefähr 60 Meter östlich vom jetzigen Poppelsdorfer Schloß lag, an der Stelle von diesem

lag eine V o r b u r g, wie auf dem Stich von Hoogenberg wiedergegeben ist. Fig. 13.

Diese Burg war durch die Reuterstraße mit der Coblenzerstraße verbunden, durch die Meckenheimer mit dem neuen Lager in der Nordstadt und durch den Clemens-August-Straße und dem Nachtigallenweg mit dem Lager auf dem Venusberg.

Das Poppelsdorfer Schloß liegt fast genau in der Mitte zwischen dem Venusberg-Lager und dem der Nordstadt. Taf. IV, Fig. 7.

M a n l i e ß d i e s e s L a g e r b e s t e h e n, das geht aus der Vermessung hervor, da seine Porta praetoria mit der Groma des neuen Lagers durch ein Dreieck von 2 : 2 : 2,8 M e i l e n verbunden ist. Taf. IV, Fig. 4.

Auch hier zeigte der Geometer seine Eigenart. Es wird sonst nämlich n i e mit

---

22) Vergl. Die Münsterkirche in Bonn und ihr Kreuzgang. Rhenania-Verlag 1904.

Figur 13.
Schloß Poppelsdorf.

Meilen vermessen, mit ihrem tausendstel, dem Passus nur bei allen Befestigungen. Die Meile war hier nicht einmal Wegemaß, denn in Gallien, von Lyon und Toulouse an war es die Leuke von 2,22 Kilometer, ebenso wie hier. (Das weist auf das in Gallien bestehende gute prähistorische Wegenetz hin, welches mit Leuken ausgemessen war, welches die Römer nicht verändern wollten, wohl aber die Leuke in ein praktisches Verhältnis zum Quintarius = 1,6 Leuken und die Meile = ³/₈ Leuken oder eine Leuke = 1,5 Meile, brachten.)

Es sieht übrigens fast so aus, als ob der Geometer des Jahres 70 zur Bequemlichkeit der Bonner Archäologen und zum besseren Verständnis des römischen Vermessungswesens hier alle dabei benutzten römischen Maße und ihre Anwendung angegeben habe.

Die Entfernung von der Groma des Bonner Lagers bis zum Stumpfen Turm ist nämlich genau ein Quintarius.

Der Weg am Beueler Wasserwerk trennt von derselben genau 400 Passus ab, bleiben anderseits wie gesagt 2 Meilen.

Vom Schnittpunkt des Weges am Beueler Wasserwerk bis zur Porta praetoria des Venusberglagers sind wieder zwei Meilen, also ist die Hypotenuse (von hier bis zur Groma) 2,8 Meilen. Die Linie dieser Hypotenuse bildet also den Meridian der Stadt Bonn, der die Thebäergräber unter der Krypta der Münsterkirche schneidet. Taf. IV, Fig. 11.

Die Mauerstärke des Stumpfen Turmes ist 1 Passus, seine lichte Weite 3 und sein Gesamtdurchmesser 5 Passus.

Welche Universität kann sich rühmen, eine so eingehende Darlegung der römischen Maßeinheiten zu besitzen, wie der Stadt Bonn von dem Geometer des Jahres 70 hinterlassen worden ist?

Er demonstriert überdies noch die Vermessungsweise, was aber nicht hierhin gehört.

Die Stadt Bonn weiß gar nicht welches ganz einzig dastehende Werk antiker Vermessung sie besitzt, umsomehr als die Fenster des Stumpfen Turmes die Diagonale des vorher genannten Quadrates von 1,1 : 1,1 des künftigen „Groß-Bonn" im rechten Winkel dazu angeben [23]). Das vorher genannte Castell Poppelsdorf wird durch die Nußallee und die Baumschule vermessen, also zwei Römerstraßen, die der Kurfürst später ausgebaut hat. Auch diese Vermessung ist sehr interessant, sie besteht aus dem pythagoräischen Dreieck, von 0,8 : 1,5 : 1,7 und zwei Scheiteldreiecken von 0,2 : 0,5, vergl. Taf. IV, Fig. 6.

DIE STADT·BONN

Bonn entstand also im Jahre 70 durch einen religiösen und politischen Akt. Siebzehn Jahre vorher war Cöln als Colonia Claudia Ara Agrippinensium entstanden, eine Veteranenkolonie, die also das Jus italicum besaß. Das war in Bonn nicht der Fall. Die ganze Altstadt bis zur Theaterstraße, Kasernenstraße und Konviktstraße stellt das ehemalige römische Bonn dar. Die Bebauung des Münsterplatzes bis zum Mauspfad ist nicht römisch, da südlich von diesem der große leere Raum des Forums sich befand. Zwischen Coblenzer Tor und der ersten Fährgasse befinden sich dagegen römische Bauten, wie schon gesagt wurde, und alle diese Straßen belebte 250 Jahre lang ein lebhafter Verkehr. Diese Straßen haben die Zeiten gesehen, von welchen Tertullian sagt: „Die Welt wird mit jedem Tage schöner und prächtiger. Suche die Gebiete auf, die sonst öde waren: frische Saatfelder wogen dort. Der Wald weicht vor dem Felde, das Wild vor den Herden. Blumen sprossen im Sande, man sprengt die Felsen, man verwandelt die Sümpfe in festes Land. Es gibt jetzt mehr Städte als früher Häuser. Man ist sicher überall eine Wohnung, Menschen und seinen Unterhalt zu finden. Die Erde beugt sich unter der Last der Menschen. Tertullian lebte um 190—225.

Wohl bis zu jener Zeit war Bonn eine friedliche kleine Landstadt von 12—13 000 Einwohnern, wie um 1830, das beweisen die gut erhaltenen Straßen der Altstadt, deren Plan fast zweitausend Jahre überdauert hat. Und das Forum wird trotz seiner Größe bei den dort stattfindenden Wochenmärkten überfüllt gewesen sein, denn man darf annehmen, daß das Land dichter bevölkert war wie heute. Ueberall findet man nämlich Reste römischer Kultur, so die Terrassen, die überall in ansteigendem Gelände angelegt sind, z. B. in der Nähe des Kreuzberges und an der Straße nach Röttgen. Pfarrer Maaßen spricht in den Annalen des historischen Vereins von großen Terrassen am Vorgebirge, die nur durch ein gemeinsames Vorgehen angelegt sein können. Und die Gumme wird nicht der einzige Bach gewesen sein, den sie angelegt haben, um ver-

23) Vergl. Grundzüge der Erdvermessung.

sumpftes Gelände trocken zu legen. Diente der nach Bonn geleitete Godesberger Bach, der teilweise höher wie das umliegende Land lag, nicht vielleicht römischer Bewässerung? In der Umgegend von Zülpich liegen Reste römischer Dörfer in den Wäldern, zu dem im Waldesschatten verborgenen Heiligtum der Matronen bei Pesch wird auch einer Ansiedlung gehört haben. Oberhalb Duisdorf auf der Höhe des Berges zeigt eine Parzelle vielfache Stückchen von Terra-sigillata-Gefäßen und römischen Ziegelsteinen. War nicht die Villa bei Blankenheim während dreihundert Jahre bewohnt? Hoch gelegen, mit rauhem Klima, ein Beweis, daß alle besseren Lagen schon besetzt waren. Das läßt darauf schließen, daß alles Land unter dem Pflug und der Sichel lag, welches kultivierbar war, daß die Landbevölkerung größer war wie heute (wenn man den Teil davon abzieht, welcher jetzt der Industrie seinen Unterhalt verdankt), die Frucht eines 250jährigen Friedens.

Und Bonn lebte so ein ganzes Vierteljahrtausend ruhig dahin. Ueberall erhoben sich in der Umgegend der Stadt prächtige Villen, von denen wohl der einzige sichtbare Ueberrest das schöne Säulenkapitell ist, welches von der Villa an der Arndtruhe bei Friesdorf stammt. Und es wird nicht der einzige Römer gewesen sein, der sich hier eine Villa baute, deren Blick auf das Siebengebirge gerichtet war, wer weiß, ob nicht auch der Name des Drachenfels auf die Römer zurückzuführen ist, denn Dichter die Drachen mit einem den Rücken zierenden Kamm schildern, der Aehnlichkeit mit den Felsspitzen bietet, die am Drachenfels nach dem Rhein hinuntersteigen. Villen gab es auch am Vorgebirge, dessen Wald deshalb den Namen die „Ville“ führt. Hier war wahrscheinlich die Militärkolonie der Agrippina angesiedelt, eine Kolonie, deren Besitztum niemals in die Hände von Privaten übergehen durfte, sondern stets auf Veteranen oder deren Söhne, welchen hier die Verteidigung der Grenze oblag. Hier befanden sich nämlich die Rheinübergänge, welche jetzt noch das Straßennetz zeigt; in den Häfen von Mondorf, Rheidt, Langel, Zündorf, Porz und Hersel lagen die Schiffe, denn nirgendwo bietet sich am Rhein ein so gutes Gelände für einen Flußübergang; eine fast quadratische Ebene, an zwei Seiten vom Rhein und an der dritten von der Sieg und ihren Sümpfen eingeschlossen. Fig. 14.

Die Anlage der Dörfer am Vorgebirge erinnert an Italien, wo sie auch mit Vorliebe auf den Bergen und nicht an deren Fuß angelegt sind. In Sechtem weisen große Trümmer auf umfangreiche römische Bauten hin, die Kirche steht vollständig auf römischem Fundament, in Wesseling war ein Ka-

stell. Und daß auch viel Vieh hier gezüchtet wurde, darauf weist der vom Vorgebirge nach dem Bonner Forum hinführende „Viehtriftweg“ hin, die Wälder der Ville dienten der Eichelmast der Schweine, denn jeder Veteran erhielt außer seinem Landlos auch ein Waldlos („silvae glandiferae“), eicheltragende Wälder zu diesem Zweck.

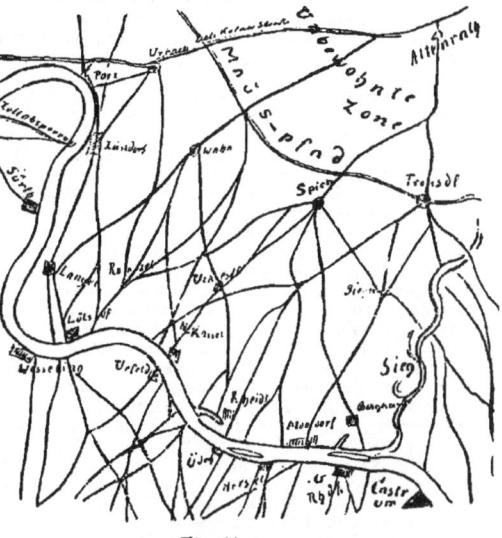

Fig. 14.

Die Rheinübergänge zwischen Bonn und Wesseling.

Es befinden sich hier vier natürliche Häfen: Mondorf, Rheidt, Zündorf, Langel. In römischer Zeit wahrscheinlich ein künstlicher in Porz (portus). Es kam hinzu die römische Flottenstation an der Alteburg (nicht mehr auf der Karte).

Wenn auch in weiten Zwischenräumen die rechtsrheinischen Germanen hier einbrachen, so war doch zur Zeit von Konstantin Friede hier, wie aus der Lobrede von Eumenius hervorgeht:

„Nicht einmal fern vom Rhein wagen die Franken sich anzusiedeln und die Kastelle, welche in Zwischenräumen an der Reichsgrenze angebracht sind (Michelsberg bei Siegburg, Oelberg, Asberg, Alt-Rennenberg), zieren sie mehr als daß sie dieselbe schützen. Jetzt pflügt ohne Waffen der Landmann am Ufer des zuweilen so furchtbaren Strandes und unsere Herden werden in der Welle des großen Stromes getränkt.“

DER UNTERGANG

Aber 20 Jahre nach dem Tode Tertullians wurde Diocletian geboren, der die Armee des römischen Reiches vervierfachte und damit auch die Steuern. Er war bei der dadurch verursachten Teuerung auch der Erfinder der Höchstpreise, wodurch alle Ware vom Markt verschwand und die Teuerung nur noch größer wurde. Um dann die Kosten der riesigen Armeen aufzubringen, wurden Steuern jeder Art ersonnen und mit unerbittlicher Härte eingezogen. „Ueberall", sagt Lactantius von Diocletian, „wurden Steuerbeamte hingesandt, welche auf die Steuerzahler gehetzt wurden, welche dadurch eine ihnen feindliche Empörung hervorriefen, welche durch schreckliche Gefängnisstrafen geahndet wurde. Die Aecker wurden aufs neue vermessen, die Weinstöcke und Bäume gezählt, die Tiere aller Art aufgeschrieben, die Bevölkerung, die ländliche sowie die städtische, mußte dazu in den Städten mit dem Vieh erscheinen, um dort gezählt zu werden Auch die Kinder und Sklaven mußten dabei sein. Dann begann das Befragen, wobei Marter und Prügel angewandt wurden. Die Kinder mußten gegen ihre Eltern, die Sklaven gegen ihre Herren, die Frauen gegen ihre Männer aussagen, um höhere Steuern herauszupressen. Und wenn dieses nicht genügte, wurden die Leute gefoltert, bis daß sie sich ein höheres Vermögen zuschrieben, wie sie besaßen, wovon sie dann die Steuer bezahlen mußten. Davor schützte kein Alter, keine Krankheit und keine Schwäche. Und das wagte die eigene Regierung ihren Untertanen anzutun, was früher nach dem Kriegsrecht nur an den Besiegten geschehen war. Und nicht einmal den Steuereinnehmern traute die Regierung, denn sie setzte neue über die bestehenden, damit diese noch mehr finden sollten und da diese nichts fanden, vermehrte man sie wieder und diese erhöhten dann die Steuer nach Belieben, damit es nicht aussah, als ob sie vergeblich angestellt worden seien. Und hierdurch verminderte sich der Viehbestand und die Menschen starben und nichts destoweniger mußte die Steuer für die Gestorbenen bezahlt werden, so daß man ohne zu zahlen weder leben noch sterben konnte. Nur die Erwerbslosen blieben übrig, von denen nichts zu verlangen war, da sie durch ihr Elend vor jeder Abgabe bewahrt waren, aber die menschenfreundliche Regierung erbarmte sich ihrer deshalb, sie mit Schiffen ins Meer hinauszufahren und zu ertränken. Ein so barmherziger Kaiser, der verhüten wollte, daß es unter seiner Regierung auch nur einen Unglücklichen gäbe. Er fürchtete nämlich, daß jemand, um der Steuer zu entgehen, sich als Bettler ausgäbe.

Und so wurde die Anzahl der Angestellten größer wie die der Steuerzahler.

Die Steuer verzehrte die Leistungsfähigkeit der Bauern, sodaß sie von der Scholle flohen und der Kulturboden wieder zu Oedland wurde. Die Verwaltungsbezirke wurden verkleinert. Neue Statthalter und Beamte wurden besonders den Städten auferlegt. Rentmeister, Verwalter von Konkursmassen, Stellvertreter von Regierungspräsidenten und durch diese entstanden statt der früheren seltenen viele Prozesse, Verurteilungen, Zwangsverkäufe und Eintreibungen von unzähligen Dingen: Kleider, Hausrat, Waren, von allem was die Steuerpflichtigen besaßen, um nicht zu sagen häufig, sondern andauernd.

Dazu kamen noch bei den Steuereinziehungen unerträgliche Ungerechtigkeiten."

So und noch weiter schildert Lactantius die Steuereintreibungen des Diocletian, die das Reich zugrunde richteten und wovon die vielen Gräber innerhalb der Stadt Bonn den sprechenden Beweis liefern, denn dort wo Gräber angelegt wurden, war sie nicht mehr bewohnt [24]. Aber mit der Regierung von Diocletian hörten die Steuererpressungen nicht auf, unter seinem Nachfolger Konstantin wurden sie nur noch vergrößert, besonders durch die von ihm eingeführte Vermögenssteuer: „Follis" genannt, von der Zosimus sagt, daß durch sie die Städte leer von Bewohnern wurden.

Die Uebersichtskarte von Bonn zeigt die Wahrheit dieser Worte. Fast überall in der Stadt sieht man Gräber verzeichnet. Nur das Hafenviertel, der Markt, Rathaus-, Brüder- und Wenzelgasse sind von ihnen freigeblieben, eine erschütternde Bestätigung der Worte des griechischen Schriftstellers. Und aus derselben Zeit (355) schreibt Ammianus Marcellinus von Aventicum (Avenches in der Schweiz): „Jetzt verlassen, aber nicht unangesehen einst", wie die Ruinen jetzt noch beweisen. Noch jetzt stehen die großen Ueberreste von Avenches in der Nähe des Murtener Sees, die Türme ihrer Stadtmauern in den Feldern in fruchtbarer Gegend, mit einem bedeutenden Museum der dort gefundenen Altertümer. Ein redendes Zeugnis von den Wirkungen der Konstantinischen Steuerschraube. Und so war es überall im ganzen Reich, nach dem Zeugnis von Zosimus waren alle Städte, wenn

---

24) Vergl. Tafel I.

nicht ganz verlassen, wie Avenches, so in den meisten doch die Zahl der Einwohner so vermindert, wie die Gräber in der Stadt Bonn zeigen.

Die Vermehrung der Steuern war durch die Vermehrung der Armee durch Diocletian verursacht worden und die Endwirkung war, daß die Armee immer geringer wurde. Und deshalb suchte Konstantin, was ihm an Soldaten fehlte, durch Grausamkeit zu ersetzen, um die Franken von weiteren Einfällen ins römische Reich abzuschrecken. Sein Lobredner Eumenius sagt von ihm, das Rheinland sei nicht geschützt durch die Armee und durch des Rheines Welle, sondern durch den Schrecken, der von ihm ausgehe. Die Marter der Frankenkönige Askaricus und Ragaisis bilde seinen täglichen und ewigen Sieg, der höher wie alle glücklichen Schlachten zu preisen sei, die junge Mannschaft ließest du zur Strafe den wilden Tieren vorwerfen, ein Schauspiel, bei welchem diese durch die Menge derselben ermüdeten.

Erst Julian, der jedoch nur vier Jahre regierte, begann in Gallien den Druck der Steuerschraube zu mildern, jedoch die folgenden Kaiser kehrten wieder dazu zurück. In dieser Zeit wurde wahrscheinlich auch der hohe Turm der Tomburg erbaut, der mit einem Hypokauston und Heizungskanälen im Mauerwerk versehen ist, in denen zwei Münzen von Valens und Valentinian gefunden wurden. Auch die Vermessung weist auf die späte Zeit seiner Erbauung hin, da sie in einer ziemlich verwickelten Weise durch den auf den Turm gerichteten „Schweinheimer Pfad" ausgeführt ist.

Und dann kam die Zeit, wo in das durch die Steuerschraube ausgepreßte, fast menschenleere Reich die Franken einwanderten. Man weiß weder die Zeit, wo dieses in Cöln oder in Bonn stattfand. Aber damals residierte in Trier noch der römische Kaiser und mit ihm war dort noch der Mittelpunkt der Kultur des großen Reiches. Dort lebte der heilige Athanasius, der heilige Hieronymus, hier wurde der heilige Ambrosius geboren und der letzte Dichter des römischen Reiches, Ausonius, schrieb hier seine Mosella.

Schon im Jahre 355 waren die Franken eingebrochen und hatten von Cöln an bis Coblenz alle Städte verwüstet. Julian stellte im Jahre 357 das Bonner Lager wieder her. Aber stets erneuten sich die Angriffe, sodaß ein Zeitgenosse davon schreibt: Hätte der Ocean sich über das Land ergossen, so hätte uns nicht mehr gelassen, es fehlt uns an Vieh und an Saatgut und die Gebäude sind zerstört. Und trotzdem blieben die Steuererhebungen bestehen, nur wurde das Ergebnis von Tag zu Tag geringer,

sodaß wie Salvian sagt, die öffentlichen Kassen nicht mehr wie früher das Geld leichtsinnig verschwenden konnten, da es nicht mehr vorhanden war. Früher dachte niemand an die Abgaben, weil man sie nicht fühlte, aber jetzt ist der frühere Reichtum verschwunden, wir sind elend und haben dennoch nicht aufgehört leichtsinnig zu sein, und je ärmer wir wurden, desto höher stieg das Laster. Niemals wurde so geschlemmt und gepraßt, der letzte Rest des Vermögens wurde vergeudet, man stand in Cöln nicht einmal vom Gelage auf als die Franken einrückten. Und es war kein Unterschied zwischen den Knaben und den Greisen. Sie verspielten oder vertranken, was sie noch besaßen, alte Männer, die zu schwach zum Gehen, waren noch rüstig zum Trinken. Man sah die Gefangenschaft voraus und fürchtete sie nicht. Niemand wollte zu Grunde gehen und doch tat niemand etwas dafür, daß er nicht zu Grunde ging.

Denn noch immer wütete die Steuergeißel, sogar: die Armen werden geplündert, die Witwen seufzen, die Waisen werden niedergetreten, sodaß viele hochgebildete Leute von edler Abkunft zu den Franken fliehen, damit sie nicht durch die Geißel der amtlichen Strafen sterben, sie suchen bei den Franken die römische Menschlichkeit, da sie die barbarische Unmenschlichkeit der römischen Regierung nicht ertragen können. Sie wollen lieber als Gefangene der Franken frei sein, wie bei den Römern unter dem Schein der Freiheit Gefangene. So wird der Titel römischer Bürger, einst so hoch geschätzt und teuer erkauft, jetzt freiwillig aufgegeben und geflohen und nicht bloß für gemein, sondern für niederträchtig gehalten."

So schildert der in Trier lebende Salvian die damalige wirtschaftliche Lage und damit auch die letzten Zeiten unserer Stadt unter römischer Herrschaft, wo Bonn bis auf geringe Reste ein einziger großer Kirchhof geworden war, sogar das Forum war davon nicht ausgenommen, leer und verödet standen seine Lagerhäuser, sodaß auch der Mittelpunkt des früheren Verkehrs nun als Friedhof diente.

Das war das unrühmliche Ende des größten Reiches in Europa, welches aus kleinen Anfängen hervorgegangen, fast ein halbes Jahrtausend Europas Frieden geschützt hatte und niemals ist eine Prophezeiung so wörtlich in Erfüllung gegangen wie die von Tacitus: „Denn wären, was die Götter verhüten mögen, die Römer vertrieben, was anderes würde daraus entstehen als Kriege aller Völker untereinander? Das Glück und die Zucht von 8 Jahrhunderten haben diesen Bau gefestigt und er kann nicht eingerissen

werden ohne das Verderben derer, die ihn ein-
zureißen suchen. Ihr aber seid dann in der
größten Gefahr, in deren Händen Gold und
Schätze, Hauptveranlassung von Kriegen, sind.
Darum liebt und pflegt den Frieden und die
Stadt, an welcher wir, Besiegte sowie Sieger,
gleiches Anrecht haben."

Ohne die Kenntnis der römischen Vermessung bleibt der Bonner Stadtplan der Uebersichtskarte ein Rätsel. Man weiß, daß es bei
den Römern verboten war, innerhalb der
Städte Gräber anzulegen und nun zeigen sich
überall Gräber mit Ausschluß des Teiles am
Markt und der Rheingasse. A l s o war das
römische Bonn nicht größer und hatte sich in
einer solchen Entfernung vom Lager angesiedelt, ist dann die Schlußfolgerung — die unrichtig ist, da die ganze Anlage der Stadt mit
allen ihren Straßen in unveränderter Weise
seit dem Jahre 70 besteht.

Auf diese Weise versteht man, daß in
einer kürzlich erschienenen Arbeit zum Schluß
über das römische Bonn gesagt wird:
„Um die Mitte des 5. Jahrhunderts muß die
. Römerherrschaft zu Ende gewesen sein. Das
Castrum Bonnense ward der Sitz eines frän-
kischen Grafen."
(Unrichtig! Derselbe residierte in dem
späteren Erzbischöflichen Maarhof.)
„Von einer größeren bürgerlichen Nieder-
lassung ist keine Rede."
(Unrichtig! Da die Vermessung das Ge-
genteil beweist *).
„Das mittelalterliche Bonn schloß sich an
das Kloster an, das sich auf der Stätte des
alten Märtyrergrabes erhob, das Cassiusstift,
das heutige Münster."
(Unrichtig! Da das Cassiusstift von einer
Mauer umgeben, außerhalb der eigentlichen
Stadt Bonn lag.)

DAS LEBEN UNTER RÖMISCHER HERRSCHAFT

Das römische Reich gestattete unum-
schränkte Religions- und Sprachenfreiheit;
auch das Nationalitätenprinzip war ihm unbekannt, das einzige, was verlangt wurde, war,
daß Lateinisch als Amtssprache benutzt wurde
und daß die römischen Götter samt der dazu
gehörigen Religion als Staatsreligion respek-
tiert wurden. Dadurch kam man allerdings
vielfach in Konflikt mit den Christen, welche
die heidnischen Götter als Dämonen bezeich-
neten, die diocletianische Christenverfolgung
beruht dagegen mehr auf fiskalischen Gründen, der Regierung war jeder Vorwand ge-
nehm, um das Vermögen der Christen einzu-
ziehen. Sonst nahm die Regierung jede Rücksicht auf die religiösen Empfindlichkeiten der
Völker. Das war das Unglück von Pontius
Pilatus, daß zu dessen Zeit einmal eine Legion
nach Jerusalem gekommen war, welche nicht
die kleinen Kaiserbilder von ihren Feldzeichen
entfernt hatte, wodurch ein Aufstand entstand,
der erst beschwichtigt wurde, als Pilatus be-
fahl, diese kleinen Verzierungen abzuschrau-
ben, da die jüdische Religion keine Bilder gestattete. In Rom wurde ihm sehr übel genommen, daß er es überhaupt dazu hatte kommen
lassen. Einige Zeit später verlangten die Ju-
den, daß er Christus zum Tode verurteilen
müsse, was er dann tat, trotzdem er sagte, daß
er keine Schuld feststellen könne. Und so
waren in römischer Zeit alle möglichen Reli-
gionen hier vertreten, die des Mithras, der Cy-
bele und jedes anderen orientalischen Aberglaubens, der ruhig neben der Staatsreligion
geduldet wurde, obgleich eigentlich niemand

an dieselbe glaubte. Ueberall steht auf den
römischen Denkmälern D. O. M. „Dem größten und besten Gott".

Auch Seneca spricht in seinen philosophi-
schen Schriften stets von Gott, aber niemals
von Jupiter.

Und ebenso wurde es auch mit den Sprachen gehalten. Bis zum heutigen Tage haben
die Ubier ihren Dialekt auf ihre Nachkommen
vererbt, ebenso wie die Trevirer, denn die römische Provinzgrenze ist heute auch die
Dialektgrenze geblieben, was schon gesagt
wurde.

Städte und Straßen erhielten jedoch römische Namen, wenn sie neu gegründet wurden, wie Cöln, Coblenz und andere. Aber
trotzdem ließ man der Stadt Bonn ihren keltischen Namen, ebenso wie Remagen, Andernach Boppard, Oberwesel und anderen.

In Bonn hat nur die Sternstraße ihren la-
teinischen Namen behalten, da sie bis vor 150
Jahren noch die Pisternenstraße, von Pistor
Bäcker, hieß. In den römischen Städten wohnten nämlich gerade so wie im Mittelalter die
Angehörigen desselben Handwerks auch in
derselben Straße.

---

*) Derselbe Verfasser sagt, daß in dem Lager
über 10 000 Menschen gelegen hätten, und da
soll in seiner Nähe in den 250 Jahren des Friedens keine bürgerliche Niederlassung entstanden
sein?? Man vergleiche über den Wohlstand dieser
langen Friedensepoche das Lehrbuch der Geschichte für höhere Lehranstalten von Neubauer
III. Teil, Seite 183.

Auf dem Kreuze Christi stand, wie Lucas meldet, die Sentenz in drei Sprachen, an erster Stelle in lateinischer, der Amtssprache, an zweiter in griechischer, die Sprache der Gebildeten und an dritter in aramäischer, der Sprache des Volkes.

Diese verständige Behandlung der unterworfenen Völker war einer der Gründe des langen Bestehens des Reiches, ein anderer, daß sich die Römer nie von falschen Ehrbegriffen leiten ließen, denn trotz der Niederlage im Teutoburger Wald und trotz der Besiegung der Cherusker sechs Jahre später gab Tiberius die Invasionspolitik auf, da er einsah, daß Rhein, Main und Donau die beste Grenze für das Reich darstellen würden und dieser Grenze ist es auch vierhundert Jahre lang treu geblieben, während andere Eroberer wie Alexander und Napoleon I. niemals an Landbesitz gesättigt, nur Reiche von kürzester Lebensdauer errichteten.

Zur Zeit, als die Römer hier an den Rhein kamen, waren fast alle Nationen bei ihnen gleichberechtigt. In seiner Ansprache an die gallischen Legionen, sagte Cerealis zu denselben: „Alles ist uns gemeinsam mit euch. Ihr steht häufig an der Spitze unserer Legionen, ihr regiert selbst diese und andere Provinzen und es gibt keinen Vorrang oder Ausschließung.“

Seit Nerva, der Ende des ersten Jahrhunderts regierte, war kein Kaiser mehr ein Italiener. Alle Völker haben ihre Angehörigen auf dem römischen Kaiserthron gesehen. Septimius Severus war sogar ein Karthager, der deshalb Leptis magna in Afrika gründete und sein Nachfolger Alexander Severus ein Phönizier. Und so sagt Seneca: Die ganze Welt ist mein Vaterland [25]). Und dasselbe sagt Cicero von sich, indem er sich auf Socrates beruft. Und so blieb es während der ganzen Dauer des römischen Reiches. Unter Julian wurde ein Franke, Nevita, Consul, ein anderer fränkischer Abenteurer Charietto, brachte es zum Comes utriusque Germaniae, ein anderer Franke Silvanus, einer der besten Feldherren, wurde von den römischen Soldaten in Cöln zum Kaiser ausgerufen, seit der Zeit des Cerealis hatte sich also nichts geändert.

Und von einer sogenannten „Erbfeindschaft“ zwischen Römern und Deutschen ist niemals etwas vorhanden gewesen, denn Tacitus sagt von Arminius, der auf Deutsch: Gerhardt, der Waffenstarke aber nicht Hermann hieß, daß ein Brief des Kattenfürsten Adgandestrius im Senat vorgelesen worden sei, worin derselbe des Arminius Tod versprach, wenn

25) Sen. epist. 96.

man ihm Gift schicken wollte und daß er kaum 57 Jahre alt, durch die Hinterlist seiner Verwandten getötet worden sei, „er, unstreitig Germaniens Befreier, im Kriege unbesiegt“.

Und als nach seinem Tode sich die Cherusker an den römischen Senat wandten, schickte dieser ihnen den Bruder des Arminius, der in Rom lebte, Italus zurück, damit sie einen König aus demselben Geschlecht hätten.

Bauweise

Im römischen Reich stellte hauptsächlich das Holz das Baumaterial dar. Ganz Rom war aus Holz oder Fachwerk erbaut und erst nach dem Neronischen Brande mußte das Erdgeschoß aus Stein hergestellt werden. Aber trotzdem lesen wir mehrere Jahrhunderte später, daß in Rom ein Stadtteil verbrannte so groß fast wie eine Stadt, weil alle Häuser aus Holz gebaut waren, was in Konstantinopel jetzt noch der Fall ist. Welche Menge römischer Ziegelsteine würde man in Bonn oder Cöln finden, wären beide Städte damit gebaut gewesen, was aber nicht der Fall ist. Uebrigens waren alle Fenster verglast, sogar in Pompeji sind noch Glasfenster erhalten, und Gregor von Tour schreibt, noch zur Merowingerzeit, von den Glasfenstern der Kirchen. Die Gebäude waren nicht allein mit Dachziegeln, sondern auch mit Schiefer gedeckt,

Figur 15.

Der Kamin des Stumpfen Turmes.

ebenso wie in der Gegend von Rapallo in Italien, wo Schiefer vorkommt. Die besseren Gebäude besaßen Zentralheizungen, die geringeren Kamine, wovon noch einer im Stumpfen Turm erhalten ist, der jedoch keinen Schornstein, sondern nur ein Loch in der Wand besitzt. Fig. 15.

NACHWORT

Am 3. 8. 1922 fragte der Verfasser bei dem Reichsamt für Landesvermessung an, wie groß die Entfernung der Nürburg von der, auf demselben Meridian liegenden Römergasse in Cöln sei, wo der Vermessungspunkt durch die auf ihn gerichteten Linien der Cöln—Zülpicher und Cöln—Bonner Straßen angegeben ist. Da die Vermessung zwischen beiden Punkten von den Römern durch ein Dreieck von 7 : 9 Quintarien erfolgte, so bietet sich hier eine Gelegenheit, die Größe des Quintarius zu berechnen, der unrichtigerweise stets mit 3,534 km angegeben wird.

Die Antwort lautete 66,12343 km = 18,57142 Quintarien und damit 1 Quintarius = 3,56049 km.

Es heißt dann weiter in dem Schreiben:

„Für die Uebersendung Ihrer Prospektnummer: „Die Vermessung der Stadt Bonn pp." danke ich Ihnen sehr. Ich habe die einzelnen Dreiecke in die Meßtischblätter eintragen lassen und halte Ihre Ansicht, daß der „Stumpfe Turm" und die „Turm-Ruine Trajekt" römische Vermessungspunkte sind, für wohlbegründet. Ich beabsichtige, sie bei der nächsten Erkundung des Meßtischblattes Bonn als solche in die Karte aufnehmen zu lassen und habe angeordnet, daß sich der Vermessungsbeamte gelegentlich der Erkundung mit Ihnen in Verbindung setzen soll.

Ihrem demnächst erscheinenden Werke „Kritik der römischen Vermessung im Rheinland" sehe ich mit großem Interesse entgegen.

Hochachtungsvoll

(gez.) WEIDNER."

Das wäre nun soweit ganz gut gewesen, hätte nicht einige Zeit vorher ein Professor der Geodäsie ein Gutachten abgegeben, in welchem er behauptete, die Nürburg liege für solche Absteckungen ungemein ungünstig — trotzdem nun in Todenfeld, auf ihrem Meridian stehend, einerseits die Nürburg, andererseits Cöln erblickt —, er schien nicht zu wissen, daß den Römern der Theodolit unbekannt war, vermaß also nicht mit einem Dreieck von 7 : 9, sondern mit dem jetzigen Vermessungspunkt, dem Turm der neuen Kirche in Gemünd, wodurch er statt 37,875 Q. 38,150 erhielt.

Schließlich behauptete er noch, die Römer „kannten weder den verjüngten Maßstab, noch ein geographisches Netz. Alle bekannten Karten sind nur Handskizzen mit Maßen".

Nun stammt jedoch der verjüngte Maßstab unserer Karten, die sogenannte stereographische Projektion, sowie unser geographisches Netz von 360 Grad von Hipparch, der 150 vor Chr. lebte, beide wurden von Ptolemaeus übernommen (160 n. Chr.), von dessen Atlas wir noch 26 Kartenblätter besitzen.

Alles das müßte einem Professor der Geodäsie doch bekannt sein!

Nun schrieb dem Verfasser sein Berliner Gewährsmann, daß ein Professor, dessen Namen er ihm nannte, mit dem Reichsamt in Verbindung getreten sei, mit der Wirkung, daß dieses dem Vermessungsdirigenten Seidel den Auftrag gab, in Zukunft mit dem Verfasser zu verhandeln und ihn bat von einer Erwähnung der Mitwirkung des Reichsamtes in seinen Veröffentlichungen abzusehen.

Der Verfasser hat sich an diese Bitte jedoch niemals gestört, da seiner Ansicht nach, eine deutsche Behörde die Pflicht hat, die Entdeckung eines Deutschen zu unterstützen und nicht zu sabotieren.

Da der erwähnte Professor die Vermessung der Nürburg angezweifelt hatte, ging Herr Seidel ihr sofort auf dem Umweg über den Quintarius zu Leibe. Er schrieb: „Der römische Quintarius ist zu 3,534 km ermittelt. Diese Länge ergibt sich zunächst aus dem 2,4fachen der römischen Meile, die allgemein auf 1,4725 angenommen wird. (Conversationslexikonsweisheit.) Sie ergibt sich ferner aus dem Abstand des Decumanus O° von dem Decumanus 6° im Westende der geraden Straßenlinien Vermand—Longueau usw. (Ein zur Verblüffung von Laien erfundener Unsinn.)

Angenommen nun, das Gesagte wäre richtig, so würde der Vermessungspunkt in Cöln gar nicht mehr in der Römergasse, sondern über 500 Meter weit südlich liegen, der Unterschied von 18,57×3,56 oder × 3,53.

Aber nun ist dieser Vermessungspunkt, wie schon gesagt wurde, durch die Linien der Cöln—Bonner und Cöln—Zülpicher Straße festgelegt und in dem ersten Gutachten richtig berechnet, da er mit einer späteren Vermessung des Cölner Vermessungsamtes übereinstimmt. Welchen Grund hat also Herr Seidel das Reichsamt f. L., bei dem er doch angestellt ist, zu blamieren, wenn er nicht der notleidenden Wissenschaft eines Professors zu Hülfe kommen wollte, oder daß die elementare Geometrie auch für ihn ein Geheimnis darstellt.

Im Juni 1925 nach Fertigstellung der „Grundsätze" hielt der Verfasser es für möglich, daß Herr Seidel unterdessen elementare Geometrie gelernt hätte und schickte dem Reichsamt die „Grundsätze" mit der Bitte um eine Empfehlung ein, darauf hinweisend, daß die wohlwollende Kritik sich nur mit dem M e ß t i s c h b l a t t   B o n n   beschäftigen möge, welches vollständig genüge, um die römische Vermessung nachzuweisen.

Aber wie vorauszusehen war, beschäftigte sich Herr Seidel mit allem andern, nur nicht mit dem Meßtischblatt Bonn. Er dankte ungemein höflich für die Zusendung und antwortete, ihm fehlten die Kräfte und die Mittel zu einer Nachprüfung und auch die Möglichkeit, „a n g e s i c h t s d e r B e s e t z u n g d e s r h e i n i s c h e n   G e b i e t e s   d u r c h   d i e E n t e n t e". Auch sei diese Prüfung nicht Sache des Reichsamtes.

Auch wieder ein Bluff, um glauben zu machen, die Nachprüfung müsse hier im Gelände mit Theodolit und Meßrute erfolgen. Im Jahre 1922 war diese Nachprüfung doch nur an Hand der Meßtischblätter möglich gewesen, also jetzt doch wohl auch. Anscheinend hatte er sich auch noch immer wegen des Atlas des Ptolemaeus nicht beruhigt, dessen Existenz dem vorher erwähnten Professor unbekannt war und schrieb deshalb, daß die Ausführungen über den Atlas des Ptolemaeus noch auf Z w e i f e l stießen, ebenso wie die Angaben über die Länge des römischen Quintarius. Worin diese Zweifel bestanden, deutete er leider nicht einmal an, sondern fährt in Betreff des römischen Quintarius folgendermaßen fort:

„Bezüglich des Letzteren weise ich darauf hin, daß Geheimrat Prof. Dr. E. v. Hammer in der Zeitschrift für Instrumentenkunde, 5. Heft 1925, Seite 254, die Auffindung des römischen Fußmaßes bei den letzten pompejanischen Ausgrabungen erwähnt, dessen Länge 297 mm betragen soll. Da diese Länge aus aneinander gefügten Stücken festgestellt zu sein scheint, ist es doch möglich, daß die Angaben in den Lexika mit 294,5 mm zutreffend sind. Danach müßte man also die römische Meile zu 1472,5 m und den Quintarius zu 3534 m ansetzen. Wenn damit die Berechnung aus der Feststellung der Länge Nürburg — mit Vermessungspunkt Römergasse — in Widerspruch zu stehen scheint, so weise ich darauf hin, daß die des letzteren in Ermangelung anderer Unterlagen lediglich der von Ihnen mitgesandten Lagepausen entnommen werden konnte, sodaß mir unsere Feststellungen der Entfernung nicht durchaus sicher zu sein scheint" *).

Die Länge des römischen Fußmaßes beträgt also 297 mm, was $\times$ 12 = 3,564 Quintarius darstellt, also genau das G e g e n t e i l von dem, was Herr Seidel beweisen will. Diese Länge s c h e i n t , sagt er, zusammen gestellt, da wäre es d o c h m ö g l i c h , daß die Angaben in den Lexika (?) zutreffend sind. Herr Seidel gibt also zu, daß seine Weisheit aus einem Conversationslexikon stammt und äußert die Ansicht, daß die frühere r i c h t i g e Berechnung des Vermessungspunktes des Reichsamtes nicht durchaus sicher zu sein s c h e i n e. Hierdurch verwickelt er sich aber noch immer mehr in Widersprüche, denn bei der Länge von 3,534 km des Quintarius läge der Vermessungspunkt, wie gesagt, gar nicht mehr in der Römergasse, sondern einen halben Kilometer weiter nach Süden.

Seine ganzen Ausführungen sind also nur dazu geeignet, das Reichsamt l ä c h e r l i c h und die Behauptungen des erwähnten Professors der Geodäsie plausibel zu machen.

Es scheint dieses aber nicht der einzige Fall zu sein, daß einem Professor der Geo-. däsie die elementare Geometrie unbekannt ist. So schrieb ein anderer Professor dieses Faches dem Verfasser in Bezug auf die Bonner Vermessung:

„Wie Ihre Bonner Vermessung zustande gekommen ist, kann ich mir ungefähr denken. Sie haben da einige schon lange bekannte (?) und andere von Ihnen entdeckte Fixpunkte. Dazwischen haben Sie in g e s c h i c k t e r Weise Dreiecke eingeschaltet, die durch die Einfachheit ihrer römischen Maße verblüffen und sich zugleich den aufgedeckten römischen Straßenzügen (?), sowie auch dem Lager sehr gut anpassen. Dadurch erhält natürlich Ihre Hypothese, daß Ihre Dreiecke auch die römischen sind, einen hohen Grad von Wahrscheinlichkeit, die der Gewißheit nahe kommt."

So etwas kann man nur schreiben, wenn man sich in vollständiger Unkenntnis über die Eigenschaften der rechtwinkeligen Dreiecke befindet, deren Haupteigenschaft die a b s o l u t e E x a k t h e i t darstellt und die sich nirgendwo „einschalten" lassen. Das war der Grund weshalb Pythagoras bei der Entdeckung seines Lehrsatzes 100 Ochsen den Göttern opferte, weshalb die Mathematiklehrer des Verfassers behaupteten, daß diesen deshalb noch immer der Lehrsatz sehr unsympathisch sei.

Was übrigens „die schon lange bekannten Fixpunkte" angeht, so sind dieselben dem Ver-

*) Das Vermessungsamt der Stadt Cöln hat festgestellt, daß der Punkt Römergasse des Reichsamts r i c h t i g ist.

fasser ebenso unbekannt, wie die „aufgedeckten römischen Straßenzüge" der Stadt Bonn.

Er fährt dann fort: „Was nun Aachen anbetrifft, so scheint mir hier die Sache wesentlich anders zu liegen. Wo sind hier die Fixpunkte? Sie führen den Salvatorberg an. Es ist natürlich möglich, daß er von den Römern benutzt ist, wenn es auch höchst merkwürdig ist, daß er der nur wenige hundert Meter entfernt liegenden Kuppe des Lousberges, die doch viel höher ist, vorgezogen wurde."

(Das ist nicht merkwürdig, da der Meridian der Salvatorkirche in einem geometrischen Verhältnis zum Meridian Cöln—Nürburg steht, die Kuppe des Lousberges also nicht.)

„Daß die Kirche dort gebaut wurde, weil dort vielleicht ein Vermessungspunkt gewesen ist, hat etwas für sich. Doch könnten diese Vermutung höchstens andere Gründe bekräftigen, allein, ist sie doch etwas schwach."

(Schwach? In Bonn gibt die M ü n s t e r - k i r c h e durch ihre Thebäergräber den Hauptvermessungspunkt und damit, gerade so wie die Salvatorkirche den Aachener, den B o n n e r Meridian an.)

„Sie führen nun noch die gerade auf die Kirche zuführende Trierer Straße an. Nach meinen Erkundigungen ist diese Straße noch ganz jung und es ist nichts davon bekannt, daß hier eine römische Straße gewesen ist, während im Gegenteil die übrigen aus Aachen herausführenden Straßen, ich glaube mit Ausnahme der Krefelder Straße, die nach W ü r s e l e n führt, nachweislich — teilweise nur mit wenig geändertem Verlauf — römisch sind. Dann findet sich in Ihren Skizzen noch die Hochstraße, die Katasterkarte von 1820 enthält von dieser Straße noch keine Spur. Dasselbe gilt vom Adalbert-Steinweg. Das sind so die Hauptbedenken, die ich als L a i e vorzubringen habe *)."

*) Durch diese Mitteilung aufmerksam gemacht, revidierte der Verfasser die Vermessung und fand, daß die Hochstraße, vergl. Taf. VI, nicht genau auf den Punkt I, sondern etwas nördlich davon gerichtet ist, also auch den Winkel von 7:12 n i c h t mit dem Adalbert-Steinweg bilden kann, sie ist auf der Aachener Katasterkarte vom Jahre 1820 punktiert eingetragen. Sie ist auf keinen F a l l r ö m i s c h, da sie P u n k t I nicht t r i f f t. Der Aachener Steinweg ist dagegen genau auf den Punkt I gerichtet und bildet mit der Würseler Straße, die darauf gerichtet ist, ein Dr von 7:12 und diese wieder mit dem Meridian eins von 2:3. Beide sind also r ö m i s c h. Nun schreibt der betreffende Professor der Geometrie, daß er bis jetzt die Aachener Vermessung des Verfassers nicht verstehe, was damit übereinstimmt, daß er ein L a i e sei. Aber dann muß er doch wenigstens eine Karte lesen können, was doch zu seinem Fach gehört, aber auch nicht der Fall ist, da auf der Katasterkarte von Aachen (s. Aachener Heimatgeschichte 1924),

Wie sonderbar, daß hiernach gerade die Straßen, die auf das ehemalige römische Lager an der Jakobstraße gerichtet sind, nicht römisch sein sollen, die übrigen wohl. Es sollte also ein Zufall sein, daß Adalbert-Steinweg und die Straße nach Würselen beide auf denselben Punkt, I, an der Jakobstraße gerichtet sind. Und nun bildet die Straße nach Würselen mit dem Adalbert-Steinweg ein rw. Dreieck von 0.35 : 6, wieder ein Zufall. Die Trierer Straße bildet mit dem Meridian, der durch die Salvatorkirche geht, der Salvatorkirche und der Ostwestlinie zwei Dreiecke von 0,7 : 1 : 1,22, dritter und vierter Zufall. Die Viktoriastraße mit der Trierer ein Dreieck von 0,5 : 0,5 : 0,7 ein fünfter Zufall. Die Kurbrunnenstraße mit der Trierer und dem Kochbrunnen ein von 0,5 : 1 : 0,866 der sechste Zufall. Eine Straße, deren Namen der Verfasser nicht kennt, mit der Trierer und der Salvatorkirche wieder ein Dreieck von 0,5 : 0,5 : 0,7 der siebente Zufall. Zum Schluß vermißt die Straße nach Würselen, die auf das Lager, I, gerichtet ist, mit dem Meridian ein Dreieck von 0,2 : 0,3 und dessen Scheiteldreieck von 0,11 : 0,1,65 das Lager I, der achte Zufall. Als neunter Zufall darf angenommen werden, daß alle diese Entfernungen mit dem römischen Quintarius vermessen sind und als zehnter Zufall, daß alle diese Straßen mit den Vorschriften der römischen Geometer übereinstimmend, im Anschluß an den Meridian stehen, so daß man annehmen m u ß, daß diese ganze Vermessung römisch ist. Die Geometrie kennt nämlich keinen Zufall, wie jedem Professor der Geometrie bekannt ist, einem L a i e n allerdings nicht, aber der kann doch nicht Professor der Geometrie sein.

Die elementare Geometrie wird nämlich im täglichen Leben so häufig angewandt, daß jeder sie kennen müßte, sie erzieht auch zum logischen Denken, weshalb Pythagoras vor dem Studium der Philosophie das der Geometrie verlangte, ebenso wie an der Tür der Akademie des Plato in Athen angeschrieben stand: „Medeis ageometretos eisito". „Niemand sei ohne Kenntnis der Geometrie". Und doch sind die Kenntnisse, welche die Archaeologen davon besitzen m ü ß t e n, so einfach, daß sie sich in einigen Stunden lernen lassen.

Auf Anfrage teilte dem Verfasser Herr Rudolf Wickel, Direktor der städtischen gewerblichen Berufsschulen in Bonn, mit, daß Kurse über elementare Geometrie l e i d e r in diesem Jahre nicht zustandegekommen sind, weil sich nicht genügend Teilnehmer meldeten. Es wäre also dringend zu wünschen, daß die Herren Archäologen und Professoren der Geodäsie sich dazu meldeten.

d i e e r s e l b s t a n f ü h r t, der Adalbert-Steinweg als alte Aachener Torstraße e i n g e z e i c h - n e t i s t.

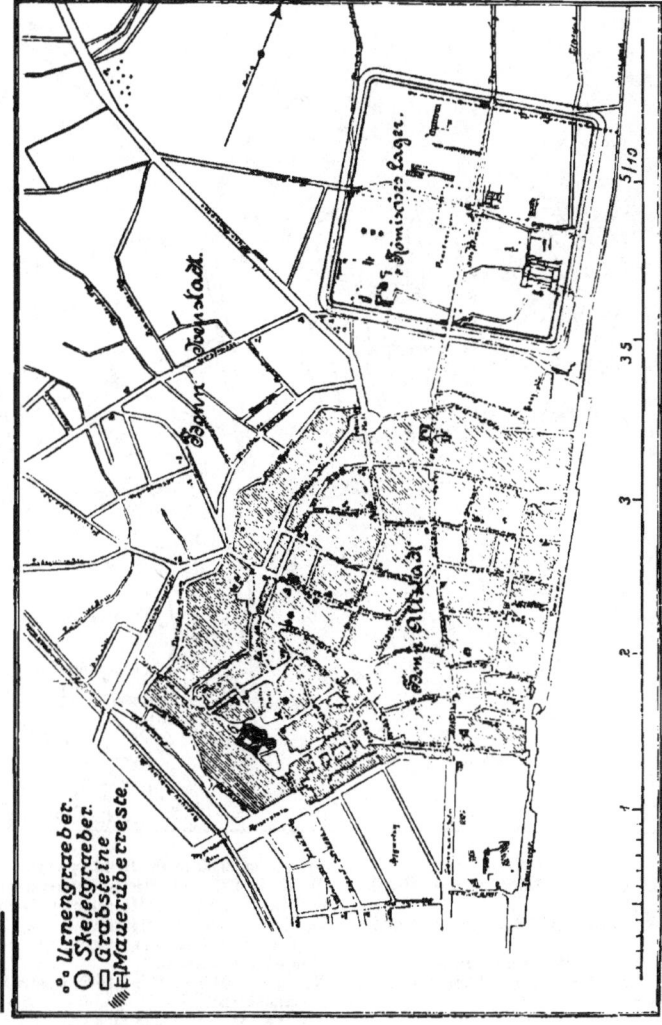

Tafel I. Uebersichtskarte des römischen Lagers zu Bonn, der Gräber und Mauerwerke.

Aus dem Jahrbuch des Vereins von Altertumsfrnd. i. Rheinland. 106.

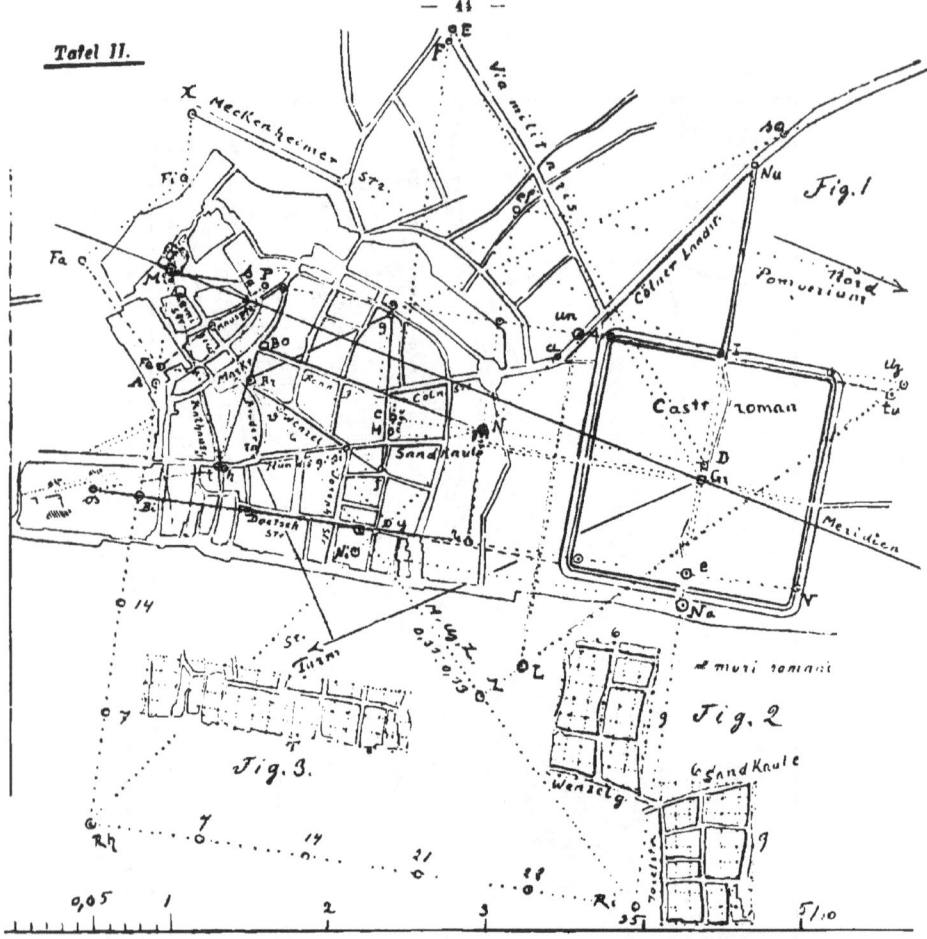

Tafel II.

Fig. 1

Fig. 2

Fig. 3

M.—1, 5×0,07 Bi—r 4×0,07.

N, r, os, 0,07 : 0,24 : 0,25 Dötschstraße, Hundsgasse.

N, Bo, t, 0,08 : 0,15 : 0,17 Bonngasse, Hundsgasse.

M, s, h, 0,05 : 0,12 : 0,13 Rathausgasse.

M, P, Fe, Br 0,06 : 0,06 Thebäergräber, Brüdergassenörtchen.

Fe, Br, P, 0,06 : 0,0848 Mauspfad.

M, Fe, Br, 0,06 : 0,0848 Remigiusstraße.

Br, g, f, 3×0,1 Langgasse, Wenzelgasse.

so, Br, y, 0,35 : 0,125 Cölner Landstraße.

a, y, v, 0,1 : 0,15 Cölnstraße.

Br, ra, si, 0,05 : 0,06 Brüdergasse.

M, X, I, 0,35 : 0,1 Meckenheimerstraße.

Gr, H, F, 0,25 : 0,2 Heerstraße, Groma.

D, C, E, 0,25 : 0,2 Heerstraße, D.
(Die Heerstraße ist gekrümmt, weil sie die Doppellinie vermißt.)

Nu, I, un, 0,09 : 0,12 : 0,15 Nordstraße, Cölner Landstraße.

Nu, Na, Ni, 0,21 : 0,28 : 0,35.

L, un, tu, 0,21 : 0,2 : 0,29 Schrägstellung des Lagers zu Un—uz.

Fa, Fi, P, Fe, 0,0848 : 0,0848 Forum.

ef—r Pomoerium.

M—Gr Meridian, Gr—St Turm 45 Grad.

Tafel V.

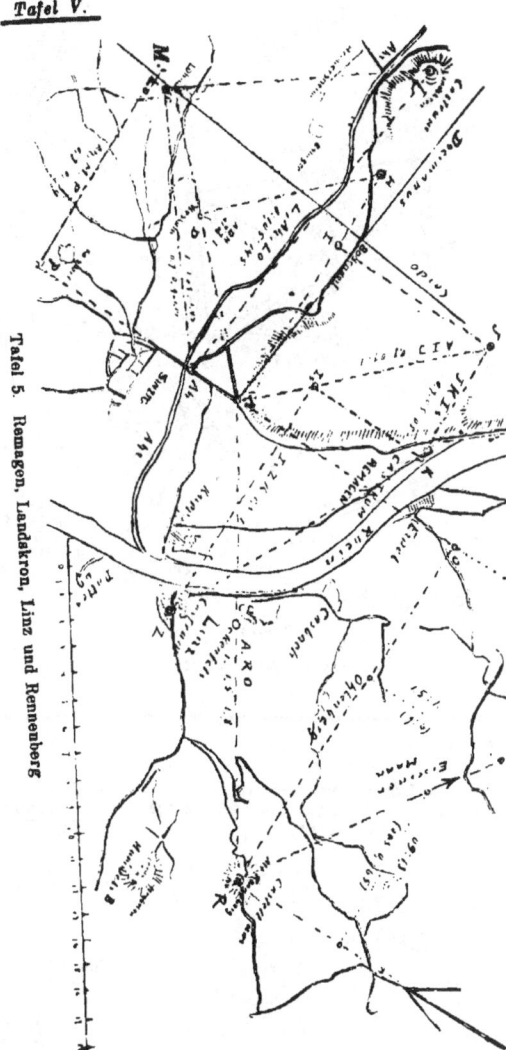

Tafel 5. Remagen, Landskron, Linz und Rennenberg

Remagen

A. Bodendorf, Löhndorf 0,75 : 0,9 Decimanus et Cardo.

A. M. P. 0,9 : 0,9.

Ah. M. P. 0,7 : 9 : 1,14.

L. Ah. Lo. 1 : 1,05 : 1,45 Landskr. (2 : 21 : 29).

A. D. H. 0,7 : 0,7 : 1.

A. I. J. 0,7 : 0,7 : 1.

I. K. Is. 0,7 : 0,5 : 0,5, K. Castrum Remagen.

Is. Z. K. 0,5 : 1, Z. Castrum Linz.

A. R. O. 1 : 1,5 : 1,8, R. Castellum Rennenberg.

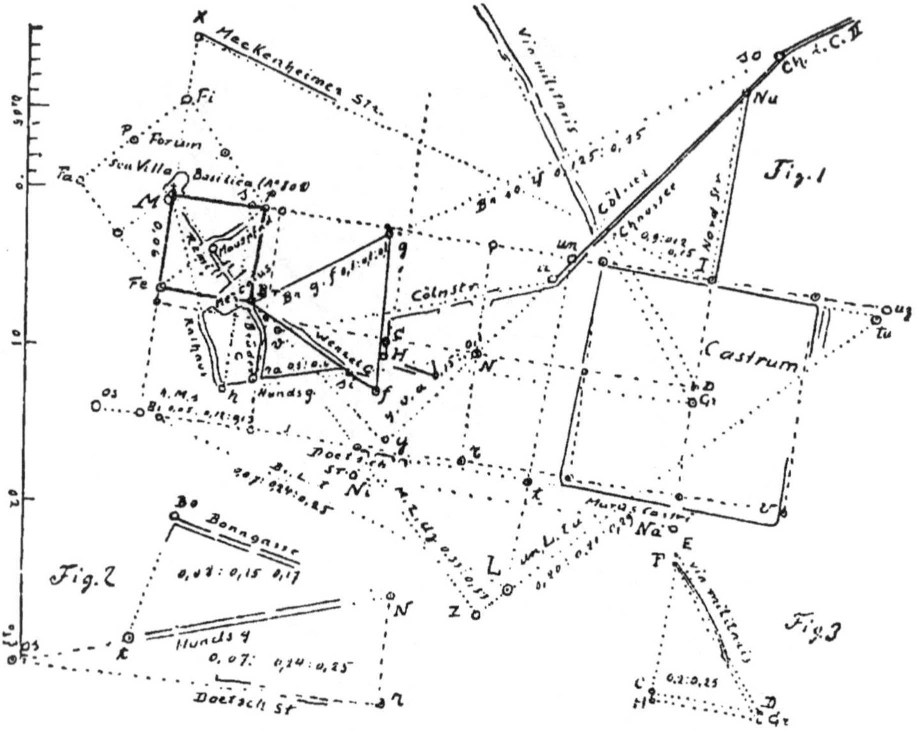

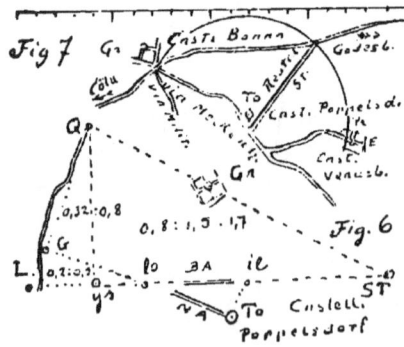

Tafel III.

Fig. 1

Fig. 2

Fig. 3

Tafel IV.

Figur 7.

Castell Poppelsdorf liegt fast in der Mitte zwischen dem neuen Lager und dem Lager Venusberg.

Figur 6.

Q—L (Eselsweg) B A Baumschul-Allee.
N A Nußallee.
Q, Ys, ST, 0,8 : 1,5 : 1,7.
Q, Ys, L, 0,32 : 0,8.
L, G, lo u. To, il, lo, 0,2 : 0,5.
To, Castell Poppelsdorf.

Figur 5.

Punkt S bei Röttgen bildet mit dem Lager, Gr, die Senkrechte von S, O, P. 3×2,5. R. St. ist die Reuterstraße.
Ti, Gr, ST 3×1. Gr Lager, ST Stumpfer Turm.
S—Gr Meckenheimer Straße.

Figur 4.

Du, Gu, Wo, 1,5 : 2 : 2,5.
Pr, Me, Gr, 2 : 2 Meilen M, Münsterkirche.
ST Stumpfer Turm L—e Weg am Beueler Wasserwerk.
Gr—ST=I Q. ST—Me. 400 passus.

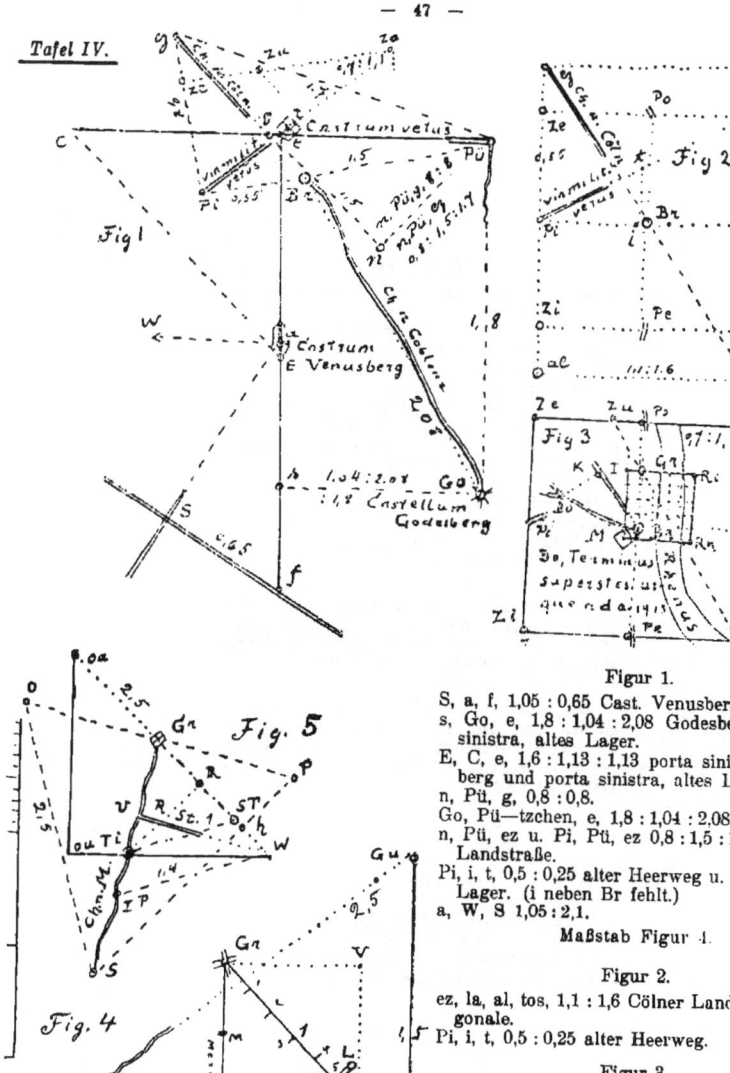

Figur 1.

S, a, f, 1,05 : 0,65 Cast. Venusberg.

s, Go, e, 1,8 : 1,04 : 2,08 Godesberg u. porta sinistra, altes Lager.

E, C, e, 1,6 : 1,13 : 1,13 porta sinistra, Venusberg und porta sinistra, altes Lager.

n, Pü, g, 0,8 : 0,8.

Go, Pü—tzchen, e, 1,8 : 1,04 : 2,08.

n, Pü, ez u. Pi, Pü, ez 0,8 : 1,5 : 1,7 Cölner Landstraße.

Pi, i, t, 0,5 : 0,25 alter Heerweg u. Groma altes Lager. (i neben Br fehlt.)

a, W, S 1,05 : 2,1.

Maßstab Figur 4.

Figur 2.

ez, la, al, tos, 1,1 : 1,6 Cölner Landstraße. Diagonale.

Pi, i, t, 0,5 : 0,25 alter Heerweg.

Figur 3.

Ze, Za, Zi, ST, 1,1 : 1,1 Br = Mitte des Quadrates.

I, Ri, Rh, M, 0,35 : 0,35.

Bo, K, Br, 0,35 : 0,25, an Bo stand bis zum Jahre 1915 der letzte römische Vermessungsstein am Dransdorferweg und Bornheimerstraße.

Aachen

S, Q, N u. S, Zi, X, 1 : 0,7 S, Salvatorkirche
u. Trierer St.

a, I, Straße nach Würselen 0,7 : 1,2.

Strich von a—St. Str. nach Würselen fehlt.

d, K, X, 0,5 : 1 : 0,866 Kurbrunnenstraße, K
Kochbrunnen- u. Trier St.

V, P, Y, 0,5 : 0,5 : 0,7 Viktoria- u. Trierer St.

l, s, S, 0,5 : 0,5 : 0,7 Salvatorkirche.

B, A, D, 0,2 : 0,3 Straße nach Würselen und
Meridian mit Scheiteldreieck:

D, Z, I, 0,11 : 0,165 (2 : 3) I Lager an der
Jakobstraße.

Straße nach Würselen und A. Steinweg sind
auf die Groma des Lagers an der Jakobstraße gerichtet.

Der Verfasser hat die Hochstraße stehen
gelassen, damit der Leser sich davon überzeugen kann, daß die Linie dieser Straße
nördlich am Punkt I vorbeigeht.

Die vorstehenden Linien stellen nur einen
kleinen Teil der Aachener Vermessung dar,
welche im Anschluß an den Meridian die
ganze Umgebung vermißt. Dasselbe ist bei
Trier der Fall.

Trier

Z, H, A 0,2 : 0,4 : 0,1732.

A, B, C, 0,5 : 0,6.

C, P, D, 0,5 : 0,6 P porta nigra.

L, E, h, 1 : 0,25 E—L Feldstraße, Achse der
Constantinischen Bebauung.

A, C, P, Achse der Porta nigra und ältere Bebauung.

Tafel VI.

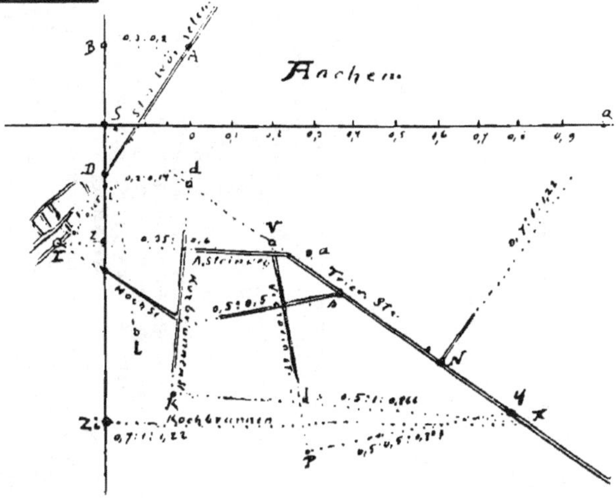
Aachen
Trier Str.
Kochbrunnen

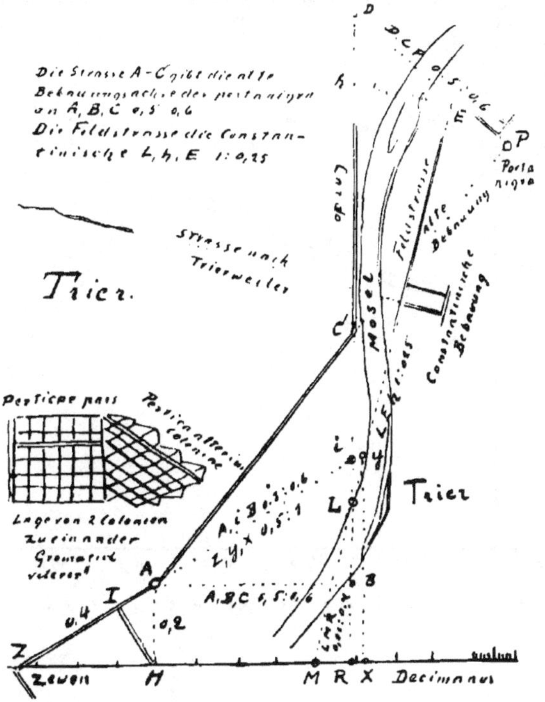
Die Strasse A–C gibt die alte
Bebauungsachse der porta nigra
an A, B, C 0,5 : 0,6
Die Feldstrasse die Constan-
tinische L, h, E 1 : 0,25
Strasse nach
Trierweiler
Trier.
Porta
nigra
Alte
Bebauung
Constantinische
Bebauung
Mosel
Trier
Lage von 2 Colonien
zueinander
Zewen
Decimanus

Bezeichnenderweise ist in Brügge die Praetentura größer – wie die Roententura, da das Lager eine Flottenstation darstellte. Die Kavallerie war deshalb zahlreicher wie die Infanterie, weil das Land von unzähligen Wasserläufen durchschnitten war, welche die Infanterie kaum, die Kavallerie gut passieren konnte. Auch waren die batavischen Reiter berühmt. Die Infanterie lag an der Seite des Lagers, wo die Ladestellen der Reye sich befanden, welche die Gräben des Lagers füllte, welche dasselbe mit dem Kanal nach Sluis verband, durch den die Fußtruppen mühelos zur Scheide, durch die Verschiedenheit von Ebbe und Flut transportiert werden konnten, ebenso wie durch das ganze große, weit landeinwärts gehende Gebiet, welches unter deren Einfluß stand. Mi–R ist das Minnewater, der ehemalige römische Hafen.

Brügge

Ne, st, sw, 1,25 : 1,0 : 1,6 Canal n. Sluis;
ts, st, sw, 0,8 : 1 : 1,28 Canal mit Knick bei sw
Ne, R, es, 0,6 : 0,48 Minnewater Mi–R.
a, S, Q u, s, Q 0,3 : 0,346 : 0,173.
Ab, Ba, Y, 1 : 0,5.
a, f, y, 0,5 : 0,25.
e, h, g, 3×0,3, Z, A, X, 3×0,45.
Gr, Gronna, Das Lager liegt zwischen b, c, d.
Das Glacis geht bis S, Q, K.
Verto, boucliers, Catherine, ciseaux ch, de
Nieuport sind Straßen, die übrigen Doppellinien Canäle.

Ne, st, sw 1 : 1,25 : 1,6 Ne, st, ts 0,8 : 1 : 1,28

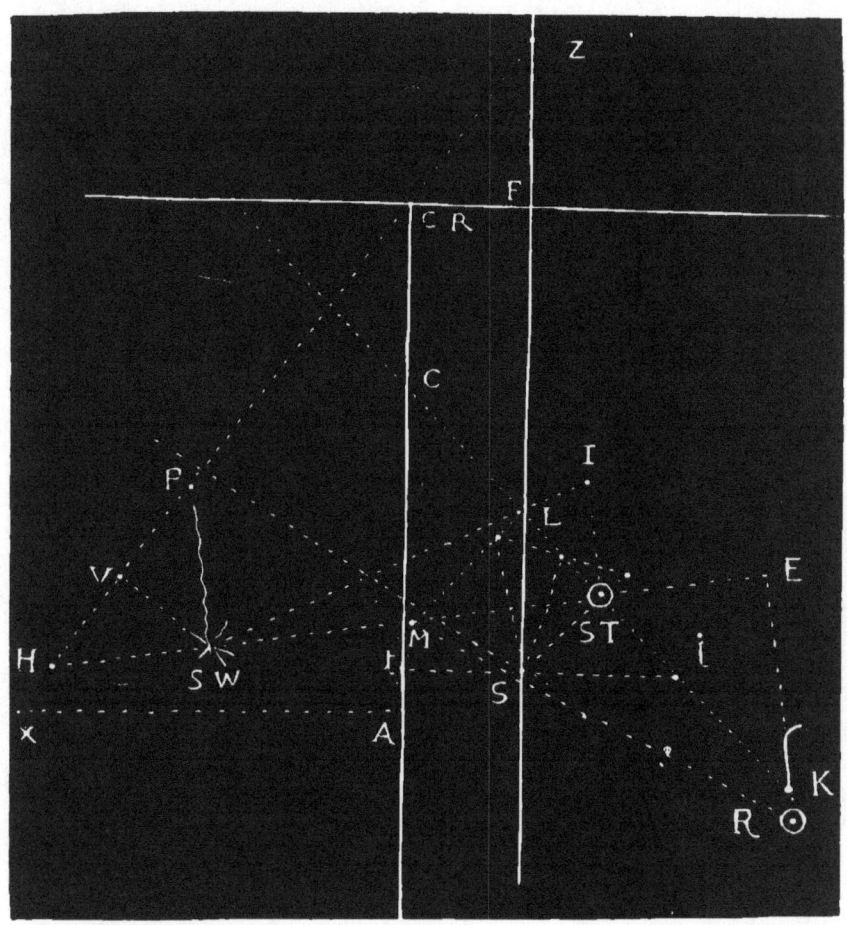

Tafel XIII. 1 cm = 1 Q. (Aus Grundsätze der röm. Erdvermessung.

SW Siebenwege. M Eiserner Mann. ST Stumpfer Turm. R Rennenberg. K Straße bei Kalenborn

SW, V, H und SW, V, P = 2,0 : 2,1 : 2,9.   ST, E, K = 3 : 4 : 5.

SW, ST, I = 7,2 : 7,5 : 2,1 (7 : 24 : 25).   R, E, M = 4,5 : 6,5.

M, L, ST = 2,1 : 2,8 : 3,5 (3 : 4 : 5).

FSC
www.fsc.org
MIX
Papier | Fördert
gute Waldnutzung
FSC® C083411

Zeitfracht Medien GmbH
Ferdinand-Jühlke-Straße 7
99095 Erfurt, Deutschland
produktsicherheit@kolibri360.de